公路水运工程
智慧工地建设与示范

主　编　丁　峰
副主编　王　捷　彭　森　闵剑勇　高　莉

人民交通出版社
北　京

内 容 提 要

本书基于公路水运工程建设逐步进入"智慧"管理时代的大背景,全面介绍了智慧工地的解决方案。全书共8章,前3章分别介绍了智慧工地的概述、发展与现状以及建设思路;第4章、第5章深入探讨了智慧工地的基本功能、关键技术和主要装备;第6章至第8章则分别介绍了试验室智慧管控和"平安守护"系统示范、公路工程和水运工程的智慧工地示范。

本书是一本适用于公路水运工程智慧工地应用实践的参考书,可为不同专业施工项目的智慧化建设提供应用参考。

图书在版编目(CIP)数据

公路水运工程智慧工地建设与示范 / 丁峰主编. 北京 : 人民交通出版社股份有限公司, 2025. 1.
ISBN 978-7-114-20198-1

Ⅰ. U415-39;U615-39

中国国家版本馆 CIP 数据核字第 202541AW93 号

Gonglu Shuiyun Gongcheng Zhihui Gongdi Jianshe yu Shifan

书　　名: 公路水运工程智慧工地建设与示范
著 作 者: 丁　峰
责任编辑: 陈力维
责任校对: 赵媛媛
责任印制: 张　凯
出版发行: 人民交通出版社
地　　址: (100011)北京市朝阳区安定门外外馆斜街3号
网　　址: http://www.ccpcl.com.cn
销售电话: (010)85285857
总 经 销: 人民交通出版社发行部
经　　销: 各地新华书店
印　　刷: 北京建宏印刷有限公司
开　　本: 787×1092　1/16
印　　张: 9.25
字　　数: 225千
版　　次: 2025年1月　第1版
印　　次: 2025年1月　第1次印刷
书　　号: ISBN 978-7-114-20198-1
定　　价: 98.00元

编写委员会

主　编：丁　峰

副主编：王　捷　彭　森　闵剑勇　高　莉

编　委：潘卫育　陆海源　潘　芳　李强明　刘步景　袁振中

季　立　陈　昕　叶　炜　刘亚楼　李　豪　史小康

马文宁　方　芳　王　彤　张　鹏　毛益佳　王　正

李　华　韦　捷　宋亚洲　马　凌　赵　松　周勇祥

专家委员会

主　任：周海涛

副主任：钟建驰　夏国星　张　健　谢义林

编写单位

江苏省交通运输厅

江苏省交通运输厅公路事业发展中心

江苏省交通运输厅港航事业发展中心

江苏省交通工程建设局

江苏东交智控科技集团股份有限公司

华设设计集团股份有限公司

苏交科集团股份有限公司

南京飞搏智能交通技术有限公司

前　言
— FOREWORD —

交通运输作为国民经济中的基石产业,具有基础性、先导性、战略性的显著地位,是支撑国家经济发展的重要服务行业。近年来,信息技术的快速发展与交通基础设施建设的深度融合,催生了公路水运工程智慧工地系统的蓬勃兴起,成为重塑公路水运工程建设生产方式、管理模式的关键力量。智慧工地以其安全、高效、智能的特性,为交通工程建设施工管理注入了全新的活力。

目前,全国各地在高速公路、普通国省道、航道、船闸等建设项目中,均开始尝试运用信息化、智慧化的管理手段。然而,这些应用相对分散,缺乏统一的标准和体系。在此背景下,本书旨在系统总结江苏省近年来在公路水运工程智慧工地建设与应用方面的实践经验,通过深入剖析智慧工地的关键技术、典型案例和示范工程,为工程从业者、研究人员和政策制定者提供全面而权威的参考,推动智慧工地在公路水运工程中的广泛应用。

本书内容涵盖智慧工地建设的基本概念、关键技术与方法、示范工程案例分析等多个层面,以工程建设与当前信息化技术的融合应用为核心,从质量安全智能控制、环境智能感知、数据自动采集及大数据分析、工地智能化管控等多个维度,全面总结了江苏省智慧工地的发展及应用成果。全书共8章,前3章分别为智慧工地的概述、发展与现状以及建设思路;第4章、第5章深入探讨了智慧工地的基本功能、关键技术和主要装备;第6章至第8章则分别介绍了试验室智慧管控和“平安守护”系统示范、公路工程和水运工程的智慧工地示范。

本书的编写工作得到了智慧工地建设领域众多专家、学者和实践者的鼎力支持，他们分享了丰富的研究成果、实践经验和前瞻性观点。在此，我们对所有为本书付出辛勤劳动的专家、学者和编辑人员表示衷心的感谢。

愿本书成为公路水运工程智慧工地建设与示范领域的重要参考书，为推动智慧工地技术在工程实践中的广泛应用、促进学术交流与合作以及为我国公路水运工程的发展和现代化转型贡献积极力量。

编　者
2024 年 3 月

目 录

—— CONTENTS ——

第1章 概述

1.1 智慧工地的内涵

当数字化、信息化成为必然，深切地改变着其他行业时，建筑业依旧保持着高度分散且复杂的传统建造模式。随着建设项目的规模和复杂性加大、参与方增多，工程项目的风险及管理难度不断增加，传统建造及管理模式已无法满足工程项目的建设目标和利益相关者的需求，建筑业由此产生诸多问题。为解决传统工程建造模式带来的质量、安全、劳务用工、环境以及效率等方面的问题，各国开始考虑将新一代信息技术与工程建造有机融合。在此背景下，智慧工地将成为建筑工程行业发展的必然趋势。

智慧工地是智慧城市概念在建筑业的延伸。近年来，众多企业、组织在此领域耕耘、创新，国家、省/部、市级各层面相关规范标准逐步推出，丰富了智慧工地的内涵。

随着智慧工地依托的信息化技术的发展，智慧工地的功能不断提升，应用范围也在不断扩大，从最初的信息管理、安全管理、业务管理逐渐扩展到人员管理、进度管理、施工策划案、质量管理等，智慧工地的概念也随着技术发展而不断调整。不同行业管理单位及行业学会、协会根据对应行业，对“智慧工地”这一概念进行了界定，见表1-1。有学者基于智慧工地的普及和应用程度将其划分为初级、中级和高级三个阶段；毛志兵等基于人工智能（AI）技术的发展将智慧工地的发展定义为感知、替代和智慧三个阶段。

不同组织机构对“智慧工地”概念界定 表1-1

来源	机构（部门）	定义
《中国建筑施工行业信息化发展报告（2017）——智慧工地应用与发展》	《中国建筑施工行业信息化发展报告（2017）》编写组	运用信息化手段，围绕项目的全生命周期，建立支撑现场管理、互联协同、智能决策、知识共享的一整套项目现场管理的信息化系统
《智慧工地管理标准》（T/CECS 651—2019）	中国工程建设标准化协会	以物联网、互联网、大数据、云计算等技术为依托，全面感知、采集、处理、分析工地现场的相关数据和信息，通过数字化、智慧化的方式，实现工地现场生产作业协调、协同，管理决策高效、科学等目标的工程建设工地

续上表

来源	机构(部门)	定义
《智慧工地建设技术标准》[DB13(J)/T 8312—2019]	河北省住房和城乡建设厅	综合运用物联网、云计算、边缘计算、人工智能、移动互联网、BIM(建筑信息模型)/GIS(地理信息系统)等技术手段,对人员、设备、安全、质量、生产、环境等要素在施工过程中产生的数据进行全面地采集和处理,并实现数据共享与业务协同,最终实现全面感知、泛在互联、安全作业、智能生产、高效协作、智能决策、科学管理的施工过程智能化系统
《智慧工地建设与评价标准》(DBJ50/T-356—2020)	重庆市住房和城乡建设委员会	应用大数据、物联网、云计算等现代信息技术,形成具有信息化、数字化、网络化、协同化的智能建造工地
《智慧工地技术规程》(DB11/T 1710—2019)	北京市住房和城乡建设委员会/北京市市场监督管理局	建立在高度信息化基础上的一种支持对人和物全面感知、施工技术全面智能化、工作互通互联、信息协同共享、决策科学分析、风险智慧控制的建筑施工项目的实施模式
《省住房城乡建设厅关于推进智慧工地建设的指导意见》(苏建质安〔2020〕78 号)	江苏省住房和城乡建设厅	智慧工地是基于信息技术,围绕建筑工程项目全生命周期,建立支撑现场管理、互联协同、智能决策、数据共享的信息化系统
《智慧工地评价标准》(DB33/T 1258—2021)	浙江省住房和城乡建设厅	运用数字化和信息化等方式,实现对建筑工地的人员、机械、材料、场地环境和施工过程的智慧化管理
《智慧工地建设技术标准》(DB64/T 1684—2020)	宁夏回族自治区市场监督管理厅	智慧工地现场管理体系,即综合运用物联网、云计算、移动互联网、BIM 等技术手段,对工地现场人员、设备、物资、环境等要素进行全面的采集、监测、管理,实现数据的共享和协同运行、分级管控,并与政府综合信息管理平台对接,主要包括感知层、平台层、应用层

对于智慧工地,不同企业、组织从功能应用、产品特性等角度给出了许多不同定义。品茗股份公司从安全管理角度定义其为以物联网、移动互联网、VR(虚拟现实)和 AR(增强现实)、BIM(建筑信息模型)、大数据、云计算为技术核心,以现场安全全面监管为目的构建而成的“智慧工地云平台”。某软件商定义智慧工地是基于项目人员、安全、环境、材料等关键业务管理,以提升建筑工地的精益生产管理水平为目的,依托物联网、互联网,建立云端大数据管理平台的新型管理模式。《中国建筑施工行业信息化发展报告(2017)——智慧工地应用与发展》中则将智慧工地定义为借助信息化技术建立的,具有支撑现场管理、互联协同、智能决策、信息共享能力的信息化管理系统。

公路水运工程建设周期长、参建单位多、管理关系复杂,在工程建设管理过程中不规范操作的现象时有发生,信息不畅及滞后,导致管理者顾此失彼,常常影响建设项目的全方位规范推进。发展日趋成熟的信息技术为解决传统公路水运工程建设中存在的种种问题提供了新的契机。结合当前信息技术发展情况和公路水运工程建设智慧工地特征,本书将智慧工地定义如下:智慧工地是以施工过程的现场管理为出发点,时间上贯穿工程项目全生命周期,空间上覆盖工程项目各情境,借助物联网、互联网、云计算、大数据、人工智能、BIM 技术等各类信息技术,对“人、机、料、法、环”等关键因素控制管理,形成互联协同、信息共享、安全监测及智能决策平台,共同构建而成的工程项目信息化系统。与传统建设项目信息管理技术相比,智慧工地能够充分实现信息的有效利用与决策支持,为项目管理者与利益相关者创造价值,实现项目各参与方的有效合作,对项目施工效率和经济管控具有显著的提高作用。

智慧工地的主要特征如下:①数字化。施工生产和管理过程产生的信息全部实现数字化,利用 BIM 技术对其进行可视化表达,便于数据的加工和传递。②集成化。通过建立集成化系统对不同数据接口标准进行统一,实现施工现场"人、机、料、法、环"等全部生产要素的集成管理和各类软硬件信息技术的集成应用。③协同化。利用云端信息共享,实现项目各参与方和项目全生命周期的协同交互,提高施工现场管理效率。④精益化。施工现场高效集约生产,减少资源浪费和降低碳排放,实现施工过程最优化和可持续管理。⑤智能化。智能技术设备辅助现场施工生产,智能大脑辅助计划决策,实现工地管理的全自动化。

1.2 智慧工地建设的背景及意义

1.2.1 建设背景

作为国民经济的基础性、先导性产业,近年来交通运输产业发展规模不断扩大、建造能力持续增强,同时产生了大量技术复杂、体量庞大、工期漫长的工程项目,施工现场管理的难度和要求逐渐提高,各参与方、各业务环节之间的信息交互愈加频繁。然而,传统的工程建造方式及施工现场管理模式已经远远无法适应现阶段交通基础设施建设高速发展的需求,当前交通工程建设面临着巨大的挑战。

1)政策背景

为全面提升公路水运工程质量安全水平,国家各相关部门及行业从业人员进行了积极探索。交通运输部公路局和安全与质量监督管理司于 2016 年相继发布了《关于实施绿色公路建设的指导意见》(交办公路〔2016〕93 号)、《关于打造公路水运品质工程的指导意见》(交安监发〔2016〕216 号),在相关文件中明确指出,应探索"互联网 + 交通基础设施"发展新思路,推行"智慧工地"建设,提升项目管理信息化水平。2017 年,党的十九大报告提出了"交通强国"发展战略。2018 年 3 月,交通运输部办公厅发布的《关于加快推进新一代国家交通控制网和智慧公路试点的通知》(交办规划函〔2018〕265 号)提出 6 项试点主体,其中的一项为实现"基础设施数字化"。交通运输部办公厅印发的《推进智慧交通发展行动计划(2017—2020 年)》,提出加快云计算、大数据等现代信息技术的集成创新与应用,选取部分重点公路开展智能化管理试点。

基于国家发展战略,江苏省交通运输厅印发的《省交通运输科技创新三年行动计划》提出要建设一批智慧公路,建设一批公路、水运"智慧工地",完成新一代国家交通控制网试点工程。根据《省交通运输厅公路局关于印发智慧工地建设工作推进会议纪要的通知》(苏交公程〔2018〕216 号)要求,加快推进试点项目智慧工地建设,确保按期优质建成示范项目,引领江苏省普通国省干线公路建设管理转型发展。随后,江苏省陆续下发的《省交通运输厅关于印发加快推进公路水运工程智慧工地建设实施意见的通知》(苏交建〔2021〕8 号)和《省交通运输厅公路事业发展中心关于加快推进普通国省干线公路智慧工地建设的实施意见》(苏交公建〔2019〕223 号)等文件,在江苏省打造了一批智慧工地示范工程,并在全国率先建立了公路、水运智慧工地技术标准,实现了智慧建造在江苏省公路水运工程建设中的实践与探索。

2)行业背景

长期以来,工程建设领域不同程度地存在以下问题:施工人员缺乏安全意识,违反规程、错误操作;安全防护、保险、信号等装置缺乏或有缺陷;机械设备、设施、工具、附件等有缺陷;施工工序多、隐蔽工程多,质量缺陷追溯难;施工现场通风不良、粉尘飞扬;施工现场道路不通畅,材料工器具乱堆乱放、杂乱无序;施工噪声刺耳;对职工没有进行三级安全教育就上岗作业;没有对各工种进行各项安全技术交底,没有落实各项安全生产责任制;工地进出人员复杂,导致物品丢失、贵重施工机械被恶意破坏。这一系列行业痛点问题始终困扰着工程建设管理者们。

全国性的环境整治扭转了传统工地"脏、乱、差"的不良印象。但在水泥、钢材、木材等建筑材料消耗过程中,产生了严重的资源浪费。建设过程中产生的大量扬尘、噪声、废水和固体污染物造成了环境污染问题。有关数据显示,我国建筑业所贡献的温室气体排放量约占总量的 15%,工地产生的建筑垃圾约占城市垃圾总量的 33%。

工程项目施工不同于一般流水线生产的制造工业,通常涉及复杂工艺流程、多方参建配合及长期露天作业,现场存在众多不安全因素,导致质量安全事故频发。据统计,建筑业安全伤亡事故率常年居高不下,在各行业中仅次于矿山业。其中,高处坠落、物体打击、机械伤害、触电和坍塌等事故占到安全事故总数的 80% ~90%。

长期以来,由于建筑业粗放的生产方式和落后的管理模式,现场施工生产效率低下,工期延误、成本超支以及各种工程质量问题屡见不鲜。我国建筑施工中平均每平方米耗用钢材比发达国家高出 10% ~25%,平均每立方米混凝土耗用水泥比发达国家高约 80kg。

为了改善传统工地的面貌,自 20 世纪 90 年代以来,政府提出建设"安全文明工地"的理念,各地区陆续出台了安全文明施工管理规范及安全文明工地评选标准等响应性政策文件,从场容场貌、临时设施、安全防护、消防设施、脚手架、环境绿化、人员培训等多个方面提出相应的改进措施和具体标准。2008 年,中国建筑业协会发布了《建设工程项目施工工地安全文明标准化诚信评价试行办法》,设立 AAA 级安全文明标准化诚信工地的评选办法。建筑行业掀起了争创安全文明工地的热潮,传统工地存在的各项问题得到了有效改善。

然而,由于建筑行业的固有特征及工程项目的日趋复杂,"建设安全文明工地"这样从制度上进行规范的手段仅能起到一定程度的监管和提升作用,无法从根本上解决传统工地面临的众多问题。以安全问题为例,根据住房和城乡建设部的统计数据,2018 年全国共发生房屋市政工程生产安全事故 734 起、死亡 840 人,与 2017 年相比,事故起数增加 42 起,死亡人数增加 33 人,同比分别上升 6.1% 和 4.1%,现阶段建筑施工安全生产仍然面临严峻挑战。

除此之外,传统建造方式导致"信息孤岛"现象,在项目实施过程中各参与方和各业务阶段之间沟通不畅,造成了严重的信息损失和浪费,更是安全文明工地难以应对的棘手问题。由此可见,以往针对传统工地的解决方案存在一定的局限性,在当前背景下必须寻求一种新的思路。

随着信息化时代的到来,云计算、物联网、传感器、射频识别(RFID)、可视化等技术的发展和成熟,以上制约行业发展的被动局面正逐步被改变。

1.2.2 建设意义

信息时代的来临,标志着现代信息技术在交通工程项目施工管理工作中的应用是大势所趋。它引领了管理模式的创新,BIM、GIS、大数据、物联网、视频监控等先进技术设备的应用,可以实时动态地采集、处理、分析施工信息,将所得结论反馈给施工管理者,显著提高了管理决策的科学性与可行性,促使交通工程建设更加规范和高效,这就是"智慧工地"应用的根本意义。"智慧工地"对于控制公路、水运工程质量、进度、安全、成本等发挥着不可小觑的作用,能够实现公路工程项目全生命周期管理。将施工数据保存在专用数据库中,可以随时调取进行审查,利用原始数据了解施工材料、施工参数、路基路面质量、完工情况、进度偏差等信息,为后续施工及养护管理的标准化开展提供了参考依据。公路、水运工程建设期间,通过传感器+现场巡查的方式可收集到真实、完整的信息,并将数据以多种方式呈现出来,管理人员可以通过数据、图像、视频快速地找到进度延误及质量问题的诱发原因和责任人。此外,智慧工地系统还能在发现安全问题的第一时间发出警报,便于信息总指挥中心及时地向施工作业人员下达整改通知,统筹安排物料使用,提高施工资源的利用率。

因此,对交通工程进行智慧化建设,打造智慧工地,实现工地的"现场可视、数据可查、进度可知、质量可控、安全可防、违规可究、预警可报、全程可溯"管理模式,对提升工程项目建设的技术和管理水平具有重要意义。

第2章

智慧工地的发展与现状

2.1 智慧工地的发展

智慧工地建设理念首次是在建筑行业中被提出来的。目前建筑行业已经展开对智慧工地的深入研究和应用。中冶建、中建、中铁建等一些大型国企、央企的率先试水，为智慧工地的实施提供了一个极好的开端。各大企业实施的一批示范工程项目，如北京新机场、北京中国尊、北京腾讯总部、天津周大福、武汉绿地中心、珠海横琴国际金融中心、郑州奥体中心等，都在不同程度上实践了基于BIM、物联网、移动通信、大数据、云计算、智能技术和机器人等智慧工地技术与设备的集成应用。其中，一些专门针对建筑行业的智能系统已经初见成效，如互联网+质量平台系统、BIM+VR体验管理系统、特种设备监控系统（塔式起重机）、雨水回收及屋面喷水降温控制系统等智能系统，新的智能系统也如雨后春笋般不断涌现。

2016年，交通运输部发布了十大重大技术方向和技术政策，排在第一位的就是BIM技术。交通运输部公路科学研究院用BIM解决基础设施全生命周期管理问题，承接了广东虎门二桥、深中通道、温州瓯江北口大桥、京沪高速公路改扩建等20多个超大型交通BIM项目。目前，“智慧”概念已渗透到交通工程的各个领域中，贵州、浙江等地的部分高速公路、隧道、桥梁建设项目初步实现了智慧工地建设。

智慧工地建设需要综合采用先进的软件系统和硬件设备，紧紧围绕“人、机、料、法、环”五大要素，加强劳务人员、施工机械、生产材料、生态环保的管理，优化安全制度体系，加强施工环境监控，全员参与安全生产管理。具体来讲，智慧工地建设系统主要包括以下需求：

（1）施工现场，实时感知。依靠视频监控设备、各类传感器、监测模块，实时收集人员、机械、环境及生产材料的现场数据，并通过系统数据中心处理及时反映在系统中，让管理者一目了然。

（2）围绕业务，精细管理。紧紧围绕“人、机、料、法、环”五大要素，围绕业务需求，分成项目管理、质量管理、安全管理、人员管理、物料管理、设备管理、生态环保、BIM等8个业务模块。

（3）智能决策，全面掌控。管理者可通过系统中收集、分析、显示的数据，全面掌握现场施工情况，及时对安全隐患做出决策，确保现场安全。

结合行业发展的应用需求，以“施工质量可知可控、施工过程可视智能、工程管理协同高效、施工监管可视化智能化、施工数据实时共享”为目标，通过采用统一、标准的信息化建设，实现工程信息化建设可复制性、可共享性、可持续性的发展。基于智慧工地目前的发展现状及建设需求，本书梳理出智慧工地建设内容，即在高度信息化的基础上对现场“人、机、料、法、环”五大要素全面感知、方案技术全面智能、参建单位全面协同、信息数据全面共享、工程风险全面预控，紧紧围绕“人、机、料、法、环”，集成运用 BIM、GIS、物联网、云计算、移动互联网、大数据等信息化技术，提高现场生产效率、管理效率和决策能力，实现工地现场数字化、精细化、智能化及标准化管理。

2017—2021 年，北京、河北、湖北、重庆等省市均已开展交通工程智慧工地的建设与研究，同时形成了地方性智慧工地建设技术标准。这些技术标准主要对人员管理、施工机械设备、物料管理、环境与能耗管理、视频监控管理、进度管理、质量安全管理、集成管理平台等技术管理内容作出了明确的要求。

(1)湖北省智慧工地建设技术应用的典型项目主要包括武汉市轨道交通 16 号线及十天(十堰—天水)高速公路智慧工地管理系统，主要体现在数据指挥中心，人、物、环境的不安全因素，安全指挥执法监督三个方面。

(2)重庆市推行三级“智慧工地”建设政策。一级“智慧工地”应具备人员实名制管理、视频监控、扬尘噪声监测、施工升降机安全监控、塔式起重机安全监控、危险性较大的分部分项工程安全管理、工程监理报告、工程质量验收管理、建材质量监管、工程质量检测监管、工资专用账户管理、BIM 施工等 12 项元素。二级“智慧工地”应具备人员实名制管理、视频监控、扬尘噪声监测、施工升降机安全监控、塔式起重机安全监控、危险性较大的分部分项工程安全管理、工程监理报告、工程质量验收管理、建材质量监管、工程质量检测监管、工资专用账户管理等 11 项元素。建筑面积 2 万 m^2 及以上的房屋建筑工程和造价 2000 万元及以上的市政基础设施工程，应建设二级“智慧工地”。三级“智慧工地”应具备人员实名制管理、危险性较大的分部分项工程安全管理、工程监理报告、工程质量验收管理、建材质量监管、工资专用账户管理等 6 项元素。全市建筑面积 2 万 m^2 以下的房屋建筑工程和造价 2000 万元以下的市政基础设施工程，应建设三级“智慧工地”。智慧工地建设技术应用的典型项目主要包括重庆西站二期项目、渝湘复线高速公路项目智慧工地、重庆市住房和城乡建设委员会重庆市智慧工地管理平台。

(3)河北省智慧工地建设技术应用的典型项目主要包括北京新机场至德州高速公路、京秦高速公路项目。

(4)江苏省在 2013 年开始的智能管控技术的应用基础上，从 2016 年开始也开展了智慧工地的研究与应用。通过对现有的智慧工地进行资源整合和创新，大大提升了工程质量、施工安全、节约成本，提高了施工现场决策能力和管理效率，实现了工地的数字化、精细化、智慧化管理，实现了“人、料、机、法、环”五个维度信息数据共享、联动管理，形成了公路产品信息数据库，做到质量责任可追溯、施工信息可追溯，为后期运营维护奠定基础，全面升级公路工程建设与服务水平。其典型项目包括盱眙淮河大桥改造工程、126 省道南京段、宜长高速、高宣高速、海启高速等。江苏省通过打造“一路一桥一隧一航道”的省级项目示范应用，取得了丰富的建设经验，并形成了江苏省地方标准《普通国省干线公路智慧工地建设技术标准》(DB/T 3972—2021)与团体标准《江苏省航道建设工程智慧工地建设技术标准》(T/JSCTS 002—2021)，有力指导了江苏省公路水运工程智慧工地的建设与发展。

2.2 江苏省智慧工地建设概况

近年来,江苏省聚焦智慧交通,在公路水运工程建设管理转型发展中积极探索,加快推进智慧工地试点项目建设,提高工程建设管理效率,为智慧工地的应用和推广提供了经验。

“十三五”以来,交通运输部发布了一批与智慧工地相关的指导意见,如《关于实施绿色公路建设的指导意见》《关于打造公路水运品质工程的指导意见》《关于加快推进新一代国家交通控制网和智慧公路试点的通知》,江苏省交通运输厅发布了《推进智慧交通发展行动计划(2017—2020 年)》《江苏省交通运输科技创新三年行动计划》《省交通运输厅公路事业发展中心关于普通国省道建设工程推广智慧工地建设的通知》等,要求加快推进试点项目智慧工地建设,确保按期优质建成示范项目,引领江苏省普通国省干线公路建设管理转型发展。结合智慧工地实际应用需求,江苏省在智慧工地建设领域开展了积极的探索。

国道 344 线淮河大桥改造工程是江苏省首个公路工程智慧工地建设示范工程。该项目建设总结了公路工程行业智慧工地建设的经验,并针对江苏省公路发展现状与建设管理需求,完成了智慧工地建设内容顶层设计,构建“1 + 8”的建设体系,从精度、耐久、经济等方面确定了智慧工地硬件设备指标的要求,从公路工程建设管理的实际需求出发,明确了智慧工地平台各项建设指标的功能要求。该项目信息化综合管理平台将工程投入使用的 8 个管理模块(项目管理、质量管理、安全管理、人员管理、物料管理、设备管理、生态环保、BIM)进行信息化建设,实现在建工程人员、材料、安全、试验检测、工艺监控、施工监测、检验评定等环节管理控制信息化、快速化、一体化,解决工程建设中数据真实性、信息分散、问题难追溯、隐蔽工程监管难等管理短板。该项目还重点攻克了软基施工过程管控、承重支架及高支模变形预警管控、隐蔽工程质量追溯等关键技术,建立了智慧工地综合评价体系;针对工程建设难点,项目采用“BIM + GIS”技术,以规划 BIM、设计 BIM、施工场地 BIM 为基础,通过“1 + 8”的模式对施工现场的“人、机、料、法、环”等各要素进行统一调配和管理,融合工程建设过程中的项目、人员、设备、物料、质量、安全、环保、BIM 等管理功能,将各管理模块进行可视化、智慧化建设。

江苏省交通运输厅以国道 344 线淮河大桥改造工程智慧工地建设为基础,随后依托 420 省道金湖段建设工程、126 省道南京段改扩建工程开展“一路一桥一隧一航道”智慧工地示范工程的建设工作,搭建了智慧工地管理云平台。

通过总结示范工程的建设经验,江苏省交通运输厅从智慧工地架构及功能体系、硬件设施、软件功能、数据库、系统集成、数据接口、信息安全、运行与维护等方面,编制了江苏省地方标准《普通国省干线公路智慧工地建设技术要求》(DB/T 3972—2021),为全省智慧工地的发展奠定了坚实的基础。

江苏省公路水运工程智慧工地探索以“施工质量可知可控、施工过程可视智能、工程管理协同高效、施工监管可视化智能化、施工数据实时共享”为目标,通过采用统一、标准的信息化建设,实现工程信息化建设可复制性、可共享性、可持续性的发展,对工程建设过程中的各关键要素进行梳理与分析,明确智慧工地的顶层设计,实现智慧工地的数字化、精细化、智慧化,提升工程项目建设管理水平,提升信息价值深度融合应用,形成产业化模式,助力智慧交通发展,为智慧工地的推广应用奠定了基础。

2.3 智慧工地信息技术发展

智慧工地的根本是实现智能物联，借助技术更新迭代速度快、应用范围逐渐广泛的物联网技术，结合智能终端系统，实现对于各类施工信息的采集、分析、汇总和预判。智慧工地借助移动通信技术、互联网技术以及物联网技术等多种现代化技术的组合，使得与项目施工相关的每一个子系统都变得更加灵活，将智能特性赋予施工工地现场的管理人员、工作人员、施工原材料、施工机械设备等多个相关环节。这是构建智慧工地的核心。

2.3.1 传感器技术

传感器技术，是指从物理环境中获取信息、处理信息的一门现代科学技术。传感器技术包括传感器的硬件设计和软件设计。其中，传感器的硬件设计是指提高传感器获取信息的精度，降低传感器的能量消耗；传感器的软件设计是指对获取信息的处理、特征值的提取、信息的分类等。

施工现场的传感器主要用于采集施工构件的温度、变形、受力、设备的运行等反映施工生产要素状态的数据。目前，施工现场常见的传感器包括重量传感器[图2-1a)]、幅度传感器、高度传感器、回转传感器、运动传感器、旁压式传感器、环境监测传感器（$PM_{2.5}$、PM_{10}、噪声、风速等）、烟雾感应传感器、红外传感器[图2-1b)]、温度传感器、位移传感器[图2-1c)]、角度传感器等[图2-1d)]。其中，重量传感器、幅度传感器、高度传感器和回转传感器可被用于塔式起重机、升降机等垂直运输机械的运行状态监控，对塔式起重机、升降机发生超载和碰撞事故进行预警和报警。运动传感器既可以用于施工机械的运行状态监控，记录机械运行轨迹和效率，也可以进行作业人员运动和职业健康状态监测。旁压式传感器主要用于卸料平台的安全监控。环境监测传感器可用于施工现场各区域的劳动环境监测。烟雾感应传感器主要用于现场防火区域的消防监测。红外传感器主要用于周界入侵的监测。温度传感器主要用于对混凝土的养护、裂缝和冬期施工的环境温度进行控制。位移传感器主要用于检测诸如桥梁、房屋结构构件的变化和房屋的倾斜、沉降、地质预警等。

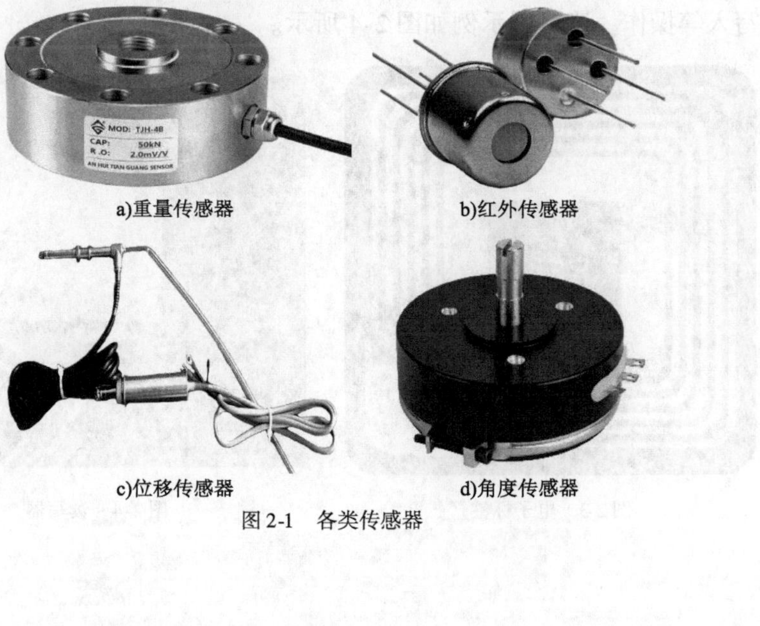

a)重量传感器　b)红外传感器

c)位移传感器　d)角度传感器

图2-1　各类传感器

物联网技术是将相应的传感器和装备嵌入到工程建设管理的相关设备中,利用传感器节点采集数据,实现对工程建设全过程的全方位感知,然后通过网络实现信息的传递,利用大数据、云计算等技术为工程建设者及管理者提供智能化服务,提升工程建设中预警、决策及处置能力和工程建设全周期的数据采集、存储及处理能力,促进工程建设向智能化方向发展。

2.3.2　无线射频识别技术

无线射频识别(Radio Frequency Identification, RFID)技术是一种近年来兴起的信息通信技术,最早起源于雷达技术的发展和应用。它利用无线电射频信号识别特定目标并读写相关数据,而无须在识别系统与特定目标之间建立机械或光学接触。RFID 技术以其远距离、非视距、读写速度快、环境适应性强、数据存储量大等特有的技术优势而备受关注,并已经在各领域得到广泛使用。

RFID 系统通常由电子标签、读写器和数据管理系统等其他外围设备三部分组成,如图 2-2 所示。

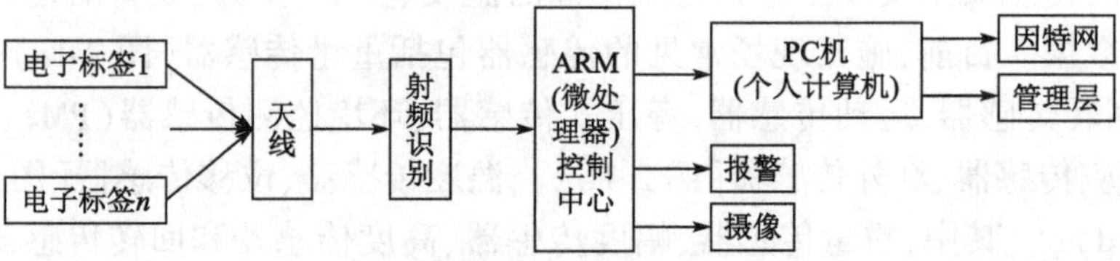

图 2-2　RFID 系统组成

(1)电子标签(Tag)。电子标签主要是由具有模拟、数字记忆功能的芯片,以及依不同频率、应用环境而设计的天线所组成。标签分为无源标签(Passive Tag,或称为被动标签)和有源标签(Active Tag,或称为主动标签)两种。电子标签主要用于储存被识别对象的数据信息。电子标签的示例如图 2-3 所示。

(2)读写器(Reader)。读写器主要由无线电发送和接收模块、模/数控制模块、中央处理单元、读写天线组成。读写器通常可设计为手持式或固定式。读写器主要用于对标签进行识别、读取和写入等操作。读写器示例如图 2-4 所示。

图 2-3　电子标签

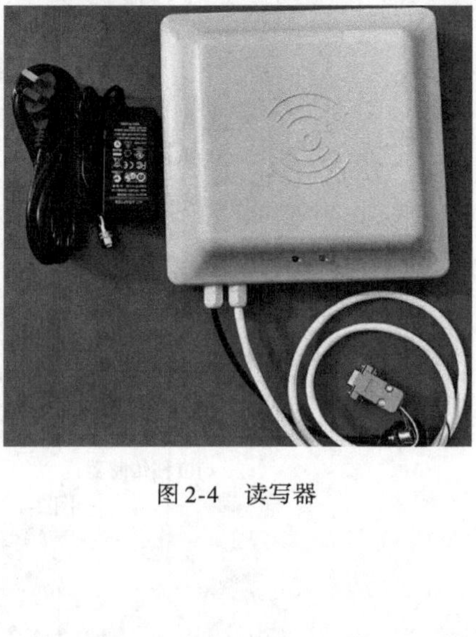

图 2-4　读写器

(3)数据管理系统。数据管理系统作为上位机主控系统,通过有线或无线方式与读写器相连,获取电子标签内部信息,根据应用需求进行初步数据筛选与处理,实现后台控制功能。通常将电子标签、读写器和天线三者称为前端数据采集系统。

RFID 技术近年在施工领域的研究和应用中得到了快速发展。RFID 技术在物料追踪、施工安全管理、进度检测等方面具有一定应用价值,它可以与 BIM 技术等建筑信息技术结合,在多个方面提高施工管理水平。目前,在我国工程实践中,RFID 技术被用于身份识别、人员管理、预制构件和危险物品追踪等方面。RFID 技术数据管理流程如图 2-5 所示。通过检测施工人员的 RFID 标签,可以精确掌握人员考勤、位置、工种和进出场信息;将 RFID 标签嵌入危险物品中,可以追踪危险物品实时位置,向接近的工作人员发出警告;将 RFID 技术应用于传统的施工现场管理内容,可以基于 RFID 形成全新的施工现场管理模型。RFID 技术与智慧工地整体框架的整合,将为智慧工地提供一种高效的现场信息获取手段。

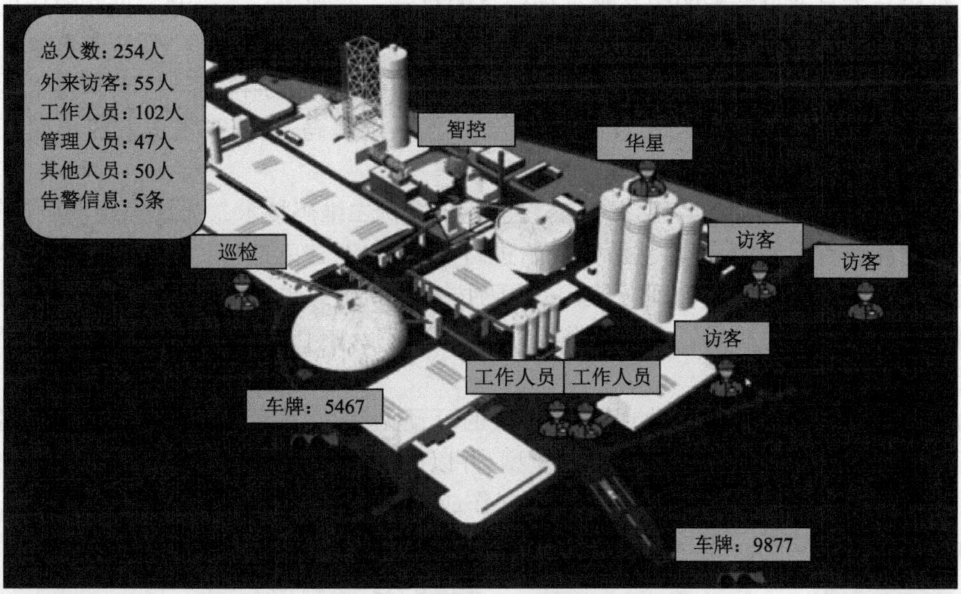

图 2-5　RFID 技术数据管理流程

2.3.3　红外感应技术

红外感应技术,也称红外探测技术,是物联网应用中的基本技术之一。红外感应技术利用目标与背景之间的红外辐射差异所形成的热点或图像来获取目标景信息。红外感应技术应用的红外接收光学系统由光学系统和探测器、信息处理器、扫描与伺服控制器、信息输出接口、中心计算机等系列器件组成。

在工程建设中,红外感应技术得到了广泛的应用,主要是利用红外感应技术进行探测和预报工作。

(1)红外感应技术在隧道岩溶探测与预测中的应用。各种地质体由于分子振动和晶格振动,每时每刻都在向外辐射电波,并由此形成红外辐射场。不同的地质体会产生不同强度的红外辐射场。利用红外感应技术,可探测前方一定范围内地质辐射的红外场强度。如果前方地质体存在地下脉状流、脉状含水体或隐伏含水体等异常现象,其辐射出来的异常场将叠加在正常辐射场上,在探测数据上会出现畸变。因此,通过对采集到的红外场强数据进行分析,就可以全面地预报隧道前方的不良地质体,尤其是含水体。

(2)在安防领域,红外感应技术得到了深入发展。在智慧工地施工现场,一旦有人侵入探测区域内,红外探测器中的热电元件就能检测感知人体的存在或移动,并把热电元件的输入信号转换成电压信号,再通过微处理器处理并发出报警信息。红外探测器(图 2-6)可用在需要防护的多种施工区域内。它不仅使用和安装方便,能够与其他探测器结合使用,而且安全性好、可靠性好、经济性好,是目前施工现场安全防护产品的主要选择。

2.3.4 二维码技术

二维码技术是通过特殊的图文来进行信息的存储。它利用与二进制数据相对应的几何图形组装成复杂的条形码图案,组装的方式不同,记录的信息也不同。二维码技术基础是基于"0""1"比特流进行图形和数据的映射,不同的码制具有不同的字符集。二维码技术主要有两种编码方式,即堆叠式和矩阵式。堆叠式主要依据一维编码,根据需求堆叠成不同行进行编码;矩阵式主要通过黑白像素的不同分布进行编码。

随着二维码技术的广泛应用,公路工程也逐步推行二维码技术。为加强现场质量管理、确保质量问题能够查根溯源,项目从源头开始进行质量把控,建立起"原材—施工前技术交底—施工过程中工序管理—成品管理"一套二维码技术。利用二维码对新进场原材的材料名称、规格型号、厂家、随车检验报告等进行登记,工地试验室及中心试验室抽检合格后进行登记,只有登记合格的材料方可使用。

为方便项目管理人员读图、加强整个工程的可预见性、实现可视化技术交底、提高精细化的管理水平,项目将二维图纸转换成 3D 模型,并以 3D 模型为基础,参考施工方案,制作出 3D 施工动画;将 3D 模型、施工动画、施工方案制作成技术交底二维码,张贴在施工现场,方便工人进行学习并指导施工。图 2-7 为工人扫描现场二维码学习技术交底书。

图 2-6　红外探测设备

图 2-7　二维码技术交底

为加强施工过程中的质量管理,各项目开发出施工工序二维码,即每个构件的二维码可以提前生成,工序交接验收采取"施工人员—班组长—现场技术人员—质检人员—现场监理"的流程,每完成一步,二维码内会逐步增加相应的内容,并为后续施工资料的填写提供作业时间等基础数据。构件施工完成后,可以生成最终的二维码,并制作张贴在相应的构件上供其他人员扫描查看。通过运用数据监控系统、现场质量巡查模块、二维码技术加大了对施工现场的质量管理力度,减少了现场质量管理成本,提高了管理效益。

人员信息管理二维码是为每个进场人员建立一个二维码,上传人员的个人信息、身份证件、资格证书、劳务合同等,随时随地扫码,实现人员信息的录入与查询。在二维码上更新人员的奖惩、培训等情况,替代纸质记录表,实现一人一码、一人一档的数字化管理。人员信息管理二维码示例如图 2-8 所示。

桥梁管理二维码的应用也日益广泛。对于桥梁建设及管理部门来说,在桥梁上放置二维码可以方便检查巡查时及时获取桥梁信息,并且可以快速反馈信息;同时,二维码的内容可以随时修改,原码不变,实现在线修改、后台管理等。二维码中的信息可包括路线名称、桥梁名称(桩号)、桥梁所在地、桥涵全长、桥面宽度、结构形式、孔跨、设计荷载、上次定期检查时间、上次结构维修时间、桥梁等级、主体责任单位、监管责任单位、桥梁工程师以及报警电话等。桥梁管理二维码示例如图 2-9 所示。

图 2-8 人员信息管理二维码示例

图 2-9 桥梁管理二维码示例

在互联网、二维码、云平台存储库发达的今天,可以利用“互联网 + 二维码 + 云平台存储库”模式来对工程施工的质量进行管理。该模式的多种信息显示和巨大的存储能力可以在工程施工质量管理中起到很大的作用,在隐蔽工程质量控制、材料质量追溯、工程日志内容填写、技术交底、质量检查与验收、原始资料收集与上传、质量问题汇报与处理方面都有很好的应用。

2.3.5 三维激光扫描技术

三维激光扫描技术是利用激光测距的原理,通过记录被测物体表面大量的密集点的三维坐标、反射率和纹理等信息,快速复建出被测目标的型及线、面、体等各种图件数据。相对于传统的单点测量,三维激光扫描技术是从单点测量进化到面测量的技术突破。三维激光扫描技术的优势在于能够快速地、精确地对不规则的或复杂的场景进行测量,并与多种软件平台互联。

目前,三维激光扫描技术已被应用到了隧道、桥梁结构、建筑和古迹的测量。利用传统测量设备,如测量仪器里的全站仪,测量的数据都是二维形式的,在逐步数字化的今天,三维技术已经逐渐地代替二维技术，帮助人们得到更加直观的测量结果。三维激光扫描仪每次测量的数据可以包含三维 x、y、z 轴点的信息，还包括了 R、G、B 颜色信息，以及物体反色率的信息等。全面的信息能给人一种物体通过计算机真实再现的感觉，是一般测量手段无法做到的。在智慧工地框架下，它也成为一种快速、精确的施工现场状况测量手段。

目前，测绘领域所使用的三维激光扫描仪主要是基于脉冲测距法测距。近距离的三维激光扫描仪主要采用相位干涉法测距和激光三角法测距。三维激光扫描仪的工作原理：通过测距系统获取扫描仪到待测物体的距离，再通过测角系统获取扫描仪至待测物体的水平角和垂直角，进而计算出待测物体的三维坐标信息；在扫描的过程中，再利用本身的垂直和水平马达等传动装置完成对物体的全方位扫描。这样连续地对空间以一定的取样密度进行扫描测量，就能得到被测目标物体密集的三维彩色散点数据，称为点云（Point Cloud）。获取到的点云和影像数据，通过后期技术处理，可快速建立二维图纸，以及结构复杂、不规则的场景的三维可视化模型，生成正射影像等。图 2-10 所示为三维激光扫描形成的点云模型。

图 2-10　三维激光扫描形成的点云模型

在建筑领域，三维激光扫描和 BIM 技术的集成展现出了巨大的潜力。由于三维激光扫描技术可高精度、高密度、高速率地获取目标物的三维坐标信息，在建设工程施工阶段，它可以高效、完整地记录施工现场的复杂情况，进而为工程质量检查、进度监控、变形监测、工程验收、模型重建等带来巨大帮助。三维激光扫描仪在钢桥梁构件预拼装中的应用示例如图 2-11 所示。

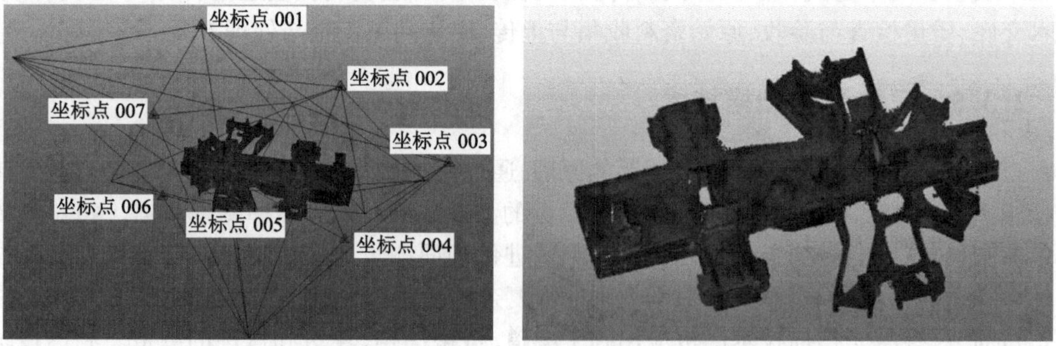

图 2-11　三维激光扫描仪在钢桥梁构件预拼装中的应用示例

2.3.6 定位技术

卫星定位技术是一种使用卫星对某物进行准确定位的技术。它从最初的定位精度低、不能实时定位、难以提供及时的导航服务,发展到现如今的高精度全球定位,实现了在任意时刻、地球上任意一点都可以同时观测到 4 颗卫星,从而实现导航、定位、授时等功能。

1)全球定位系统

全球定位系统(Global Positioning System, GPS)是一种具有全方位、全天候、全时段、高精度的卫星导航系统,能为全球用户提供低成本、高精度的三维位置、速度和精确定时等导航信息,用于实现对施工设备的测速、定位。GPS 导航系统的基本原理是测量出已知位置的卫星到 GPS 接收机之间的距离,然后综合多颗卫星的数据计算出 GPS 接收机的具体位置。GPS 导航示意如图 2-12 所示。

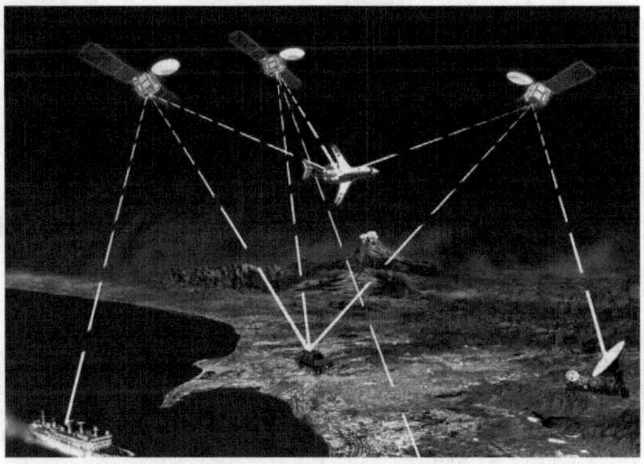

图 2-12 GPS 导航示意图

2)北斗定位技术

北斗卫星导航系统(BeiDou Navigation Satellite System,BDS)是中国正在实施的自主发展、独立运行、技术先进、稳定可靠的全球卫星定位系统。BDS 由空间段、地面段和用户段三部分组成。空间段包括 5 颗静止轨道卫星和 30 颗非静止轨道卫星,地面段包括主控站、注入站和监测站等若干个地面站,用户段包括北斗用户终端以及与其他卫星定位系统兼容的终端。BDS 可在全球范围内全天候、全天时地为各类用户提供高精度、高可靠的定位、导航、授时服务,并具有短报文通信能力,已经初步具备区域导航、定位和授时能力,定位精度 10m,测速精度 0.2m/s,授时精度 10ns。

北斗卫星定位原理:根据接收到的卫星信号,先计算卫星的位置,再计算卫星与接收机的距离;确定了这两个信息,接收机所有可能的位置就是以卫星为球心,以距离为单位的球;4 个球的交点就是接收机的位置。所以理论上最少用 4 颗卫星可以实现定位。实际上最少 5 颗卫星就可以实现定位,因为另一个远离地球表面的点可以排除。卫星数越多,定位越准确。北斗卫星导航示意图如图 2-13 所示。与 GPS 略有不同的是,北斗用户可以和卫星进行短消息通信,但有发射功率要求,所以主要用于车载和船舶等。

3)室内定位技术

随着 BDS 全球组网成功,以我国的 BDS、美国的 GPS、俄罗斯的 GLONASS(格洛纳斯卫星导航系统)、欧洲的 GALILEO(伽利略卫星导航系统)为主的全球卫星导航系统(Global Navigation Satellite System, GNSS)共同为全球提供不间断、稳定、高精度的定位服务。GNSS 能提供连续的高精度定位导航服务,基本能满足室外个人和车辆导航定位等大部分场合的应用需求,但在复杂的室内环境下用户却无法正常接收卫星导航信号。

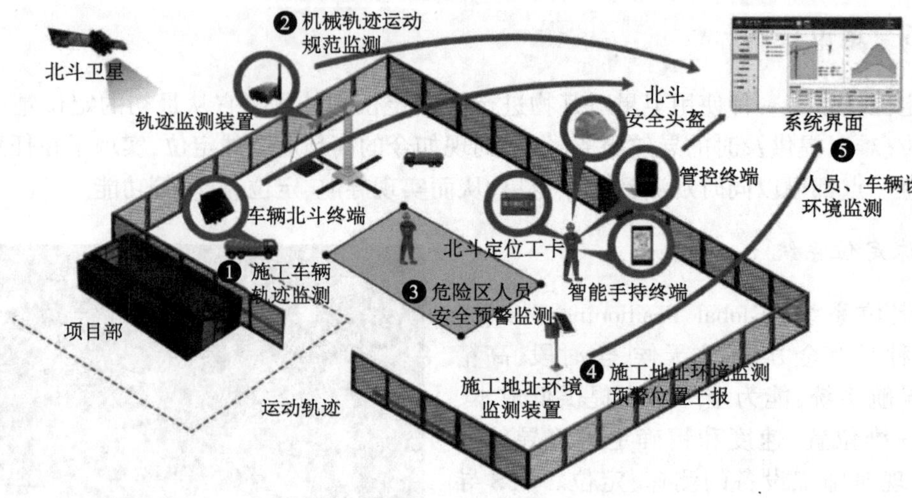

图 2-13　北斗卫星导航示意图

为了满足室内用户定位需求，同时填补室内导航领域的空白，解决 GNSS 受限区域的室内定位问题成为继 BDS 之后又一国家战略研究问题，将北斗导航应用范围拓展到室内环境中也尤为重要。室内定位技术是指在 GNSS 非暴露空间中获取待测目标位置坐标的技术。它主要依据无线电定位、超声波定位、可见光定位、惯性导航等多种技术集成而形成一套应用于 GNSS 无法覆盖的室内非暴露空间中的定位技术体系，实现为人、车、物等待测目标在室内空间中提供主动定位导航或被动位置监控等服务。

在众多室内定位技术解决方案中，伪卫星定位技术相对于其他室内定位技术具有定位精度高，与 GNSS 系统兼容性强，具备授时功能，易于实现室内外无缝定位等优势。伪卫星定位技术是通过伪卫星信号发射机与用户接收机构成的伪卫星收发系统在 GNSS 卫星信号受限区域内实现高精度导航定位功能的局域定位的增强技术。隧道北斗伪卫星高精定位系统结构示意图如图 2-14 所示。与 GNSS 相较而言，它具有以下特点：①定位模型相对而言更简单，可避免电离层延迟影响、对流层延迟影响；②静态布设，不需要实时定轨；③应用范围广泛，可灵活部署于室内外空间内。

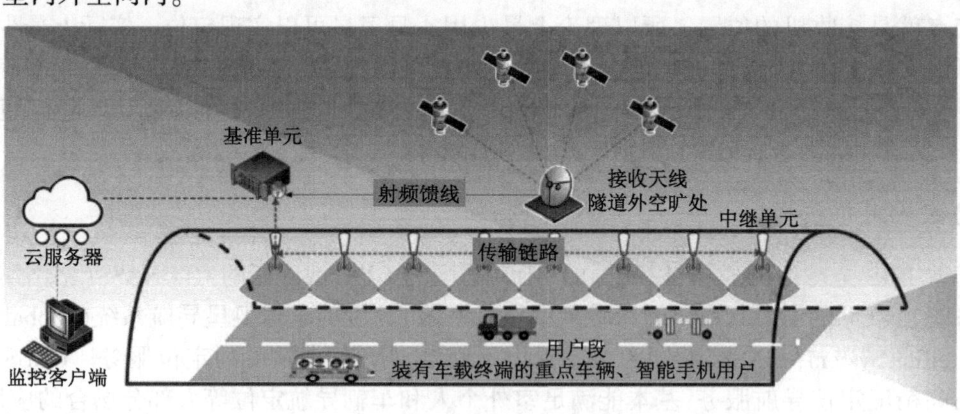

图 2-14　隧道北斗伪卫星高精定位系统结构示意图

在智慧工地建设中，利用北斗伪卫星高精定位系统，可针对在隧道、峡谷等地形中因遮挡引起的卫星信号缺失、导航定位不连续等问题，对遮挡区域定位信号进行“补盲”，助力建设阶段施工测量效率提升，运营阶段重点车辆综合监测及隧道内施工人员安全监管、突发事故下的应急抢险位置追踪等，在保障国家安全与促进经济发展中具有重要的应用前景和价值。

2.3.7　蓝牙技术

蓝牙技术（Bluetooth）是一种无线数据和语音通信开放的全球规范。它是基于低成本的近距离无线连接，为固定设备和移动设备建立通信环境的一种特殊的近距离无线技术连接。利用蓝牙技术，既可以有效地简化掌上电脑、笔记本电脑和移动电话等移动通信终端设备之间的通信，也可以成功地简化这些设备之间的通信和互联网，使现代通信设备和网络之间的数据传输变得更有效，以扩大无线通信的方式。在用途上，蓝牙技术与红外技术类似，但这种新型 RF（射频）技术可用于更远距离。更可贵的是蓝牙可与 LAN（局域网）、CWLAN（无线局域网）系统互联。另外，蓝牙可使一些便携移动设备无线接入互联网。

蓝牙系统一般由天线单元、链路控制（固件）单元、链路管理（软件）单元和蓝牙软件（协议栈）单元 4 个功能单元组成，具体如图 2-15 所示。

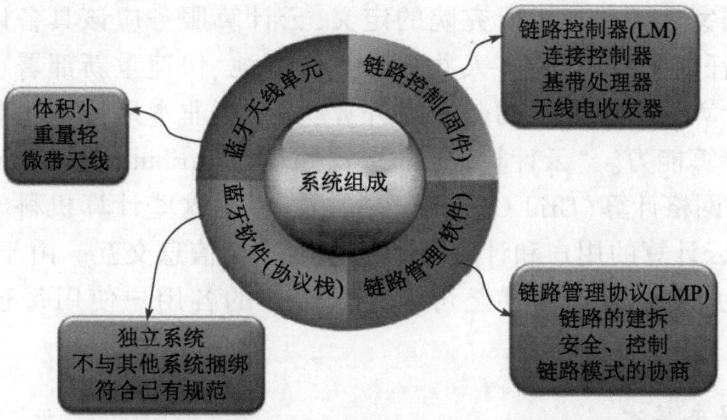

图 2-15　蓝牙系统组成

蓝牙设备依靠专用的蓝牙微芯片使设备在短距离范围内发送无线电信号来寻找另一个蓝牙设备。一旦找到，相互之间便开始通信。早期的蓝牙连接是通过适配器进行的，包括 USB 适配卡、PC 卡和 Compact Flash 卡。目前蓝牙的研制者主要寻求 ASIC（专用集成电路）的解决方案包括射频和基带部分。现在已有多种将基带 ASIC 和射频 ASIC 做成一个电路模块的方案进入生产阶段。蓝牙系统的通信协议大部分可用软件来实现，加载到 Flash RAM（闪速存储器）中即可进行工作。

2.3.8　5G 技术

第五代移动通信技术（5th Generation Mobile Communication Technology，简称 5G 技术）是在 4G 技术基础上进行的升级与更新。在开展 5G 技术应用于设计的过程中，考虑到了环境的变化以及未来人们对通信技术的需求。5G技术具备超高速、超大容量、低延迟三大特征。相比传统的4G技术,5G网络数据传输速度是传统4G技术的10～100倍,并且5G技术的峰值传输速率高达10G/s,流量密度是4G技术的1000倍,并且数据传输延迟效率降低,可以为广大用户带来良好的网络通信体验,是我国互联网技术的创新之举。5G技术借助数字蜂窝网络的方式,在蜂窝网络当中结合蜂窝形状地理分区,为广大用户提供数据信息网络服务。5G技术中涵盖了多种网络接入技术,可以有效地融合其他异构网络,支持多种设备的虚拟交互,且网络传输效率较快,稳定性和快速性更佳。

在交通工程建设中应用5G技术,可以实时动态化地对网络交通数据信息进行传输与处理,快速上传交通数据信息并且做出正确、科学、理性的决策,提升工程建设现场信息数据的传输速度,快速上传数据并且下发管理决策,更好地对施工现场的“人、机、料、法、环”等诸多内容进行科学合理的管控。

2.3.9 云计算技术

美国国家标准与技术研究院将云计算(Cloud Computing)定义为提供可用的、便捷的、按需的、可配置的计算资源共享池(资源包括网络、服务器、存、应用软件、服务)的网络访问服务。这些资源能够被快速提供,而只需投入少量的管理工作,或与服务供应商进行很少的交互。根据美国国家标准和技术研究院的定义,云计算服务应该具备以下特征:随需应变服务、随时随地用任何网络访问、多人共享计算资源池、快速重新部署、可以被监控测量的服务。云计算使计算分布在大量的分布式计算机上,而非本地计算机或远程服务器中,因此获得了超强的计算能力。“云计算”是分布式处理(Distribute Computing)、并行处理(Parallel Computing)和网格计算(Grid Computing)的发展,是这些计算机科学概念的商业应用。通过互联网技术,云计算的用户和计算资源共享池进行信息交互。由于所访问的计算资源共享池的计算能力超强,云计算甚至可以让云服务的各用户使用每秒10万亿次的运算能力。

1)云计算的服务层次

云计算包括以下3个层次的服务:

(1)基础设施级服务(Infrastructure-as-a-Service,IaaS)。IaaS是把数据中心、基础设施等硬件资源通过Web(万维网)分配给用户的商业模式。

(2)平台级服务(Platform-as-a-Service,PaaS)。PaaS是指将软件研发的平台作为一种服务。PaaS服务使得软件开发人员可以在不购买服务器布设开发环境的情况下开发新的应用程序。

(3)软件级服务(Software-as-a-Service,SaaS)。SaaS是一种通过Internet(因特网)提供软件的商业模式,用户无须购买软件,而是向提供商租用基于Web的软件,来管理企业经营活动。SaaS模式大大降低了软件,尤其是大型软件的使用成本,并且由于软件托管在服务商的服务器上,减少了客户的管理维护成本,可靠性也更高。

云计算原理示意图如图2-16所示,云架构层次如图2-17所示。

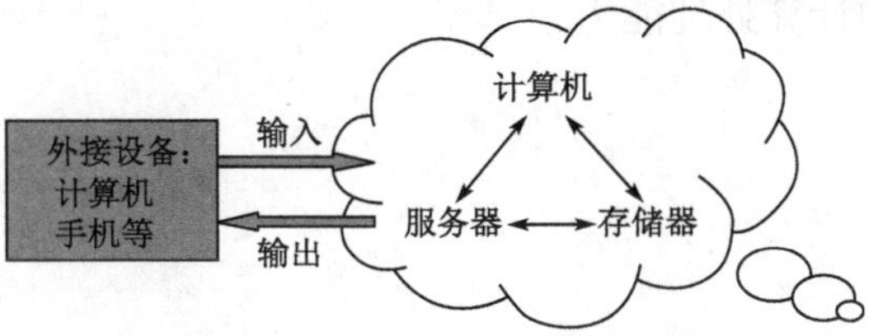

图 2-16　云计算原理示意图

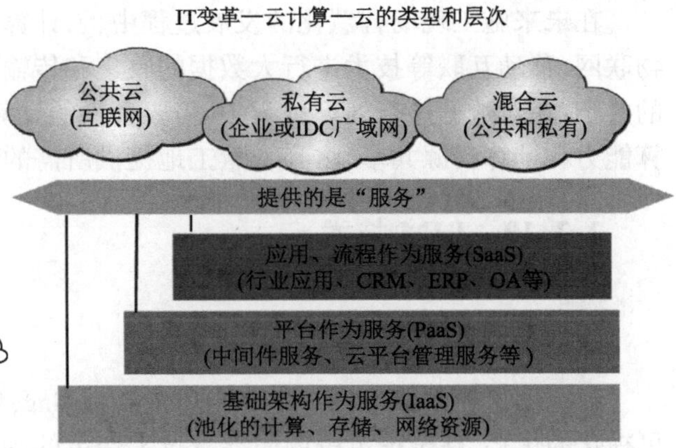

图 2-17　云架构层次

IDC-互联网数据中心；CRM-客户关系管理系统；ERP-企业资源规划系统；OA-办公自动化系统

2）云计算的相关技术

云计算是从网格计算的发展演变而来的，是继 20 世纪 80 年代大型计算机转变为客户端云计算-服务器之后逐渐兴起的一种新兴计算模型。在技术上，云计算是通过虚拟化技术架构起来的数据服务中心，实现对存储、计算、网络等资源化，按照业务需求进行资源动态分配，在数据存储、数据管理、编程模型等方面的技术都具有与众不同的特点。

（1）数据存储技术

在数据存储方面，云计算为保证高可靠性、高可用性及经济性，采用分布式储存方式。云计算系统需同时满足很多用户的不同需求，为用户提供高效率的并行服务。高吞吐率和传输率是云计算数据存储技术的特点。其发展主要体现在数据加密、超大规模数据储存、确保安全性及输入输出速率明显提高等方面。

（2）数据管理技术

在云计算数据管理技术中，如何在大规模数据中找到特定数据是一个待解决的比较重要的问题。云计算的特点是存储、读取海量数据后进行分析，读数据操作频率明显高于更新数据频率，云计算数据管理是对数据管理的读优化。所以，在数据库领域中通常采用列储存的数据管理模式对云系统进行数据管理。

（3）编程模型

云计算主要采用 MapReduce 编程模型，目前在“云”计划中很多互联网厂商提出采用基于 MapReduce 的编程模型。它不只是一种编程模型，也是一种高效的任务调度模型。

该编程模型不仅适用于云计算，在多核和多处理器及异构机群上同样具有良好的性能。研究发现，编程模型仅适用于编写任务内部松耦合、能够高度并行化的场合。不断完善该编程模型，使程序员能够轻松编写紧耦合程序，运行时高效调度和执行任务，是 MapReduce 编程模型未来的发展趋势。MapReduce 是一种处理和产生大规模数据集的编程模型，程序员在 Map 函数中指定对各分块数据的处理过程，在 Reduce 函数中指定如何对分块数据处理的中间结果进行归约。当在集群上运行 MapReduce 程序时，程序员不需要关心如何将输入的数据分块、分配和调度；同时，系统还将处理集群内节点失败以及节点间通信的管理等。

在未来施工现场智慧化的发展过程中,云计算作为基础应用技术是不可或缺的技术之一。物联网、移动互联等技术进行大数据的收集和传输,需要进行信息的协同、数据的处理和资源的共享;在对数据进行处理过程中,需要大量的计算能力。因此,云计算技术具有的强大的计算能力和计算资源共享,将为智慧工地提供所需的计算处理能力。

2.3.10 BIM 技术

1)BIM 技术的发展

建筑信息模型(Building Information Modeling,BIM)技术以其良好的信息交互效果和高度可视化的优势,在全球范围内引导着技术变革的趋势。BIM 技术是包括工程建设行业在内的多个行业的工作流程、工作方法的一次重大变革,已逐渐在交通工程全生命周期管理中发挥着重要作用。BIM 技术作为智慧工地的核心信息技术,在信息化、智能化平台建设中,为项目精细化管理提供数据支持和技术支撑,在打造智慧工地的工程中具有关键作用,是构建项目现场管理的信息化系统的重要技术手段。

BIM 技术可以帮助实现建筑信息的集成,从建筑的设计、施工、运行直至建筑全生命周期的终结,各种信息始终整合于一个三维模型信息数据库中,设计团队、施工单位、设施运营部门和业主等各方人员可以基于 BIM 技术进行协同工作,有效提高工作效率、节省资源、降低成本,以实现可持续发展。

BIM 技术的核心是通过建立虚拟的建筑工程三维模型,利用数字化技术,为这个模型提供完整的、与实际情况一致的建筑工程信息库。该信息库不仅包含描述建筑物构件的几何信息、专业属性及状态信息,还包含了非构件对象(如空间、运动行为)的状态信息。借助这个包含建筑工程信息的三维模型,大大提高了建筑工程的信息集成化程度,从而为建筑工程项目的相关利益方提供一个工程信息交换和共享的平台。

2)BIM 技术的应用

BIM 技术不断深入发展,已应用于各类工程项目的各个阶段,其优势也更明显,可有效解决工程项目所面临的各种技术难题。因此,在打造智慧工地的过程中,BIM 技术将以建设项目全生命周期的各个阶段为基点,完成项目精细化管理与建设,为智慧工地中"人、机、料、法、环"等关键因素控制管理提供信息技术支持。

在智慧工地建设工程中,工地智能基础设施中的 BIM 类功能应具备支撑工程信息共享的 BIM 信息交换接口能力,能实现 BIM 的快速导入、导出,具备 BIM 轻量化展示、BIM 与技术施工过程资料关联展示、BIM 与施工过程采集信息关联展示、基于轻量化 BIM 的多方在线协作、BIM 与二维图纸联动展示等能力。

借助 BIM 技术可实现施工全过程数字化管理,将设计、施工、养护以及运营等环节集成到同一平台上,并利用 BIM 技术可视化的优势展现多维度施工信息,进一步提高项目综合运行管理水平,保证 BIM 技术投入的有效性和针对性。

(1)BIM 技术在勘察设计阶段的应用

BIM 技术在工程勘察设计阶段可以深化设计,推动传统二维图纸向三维模式转变。在三维模型支持下,设计人员更便于对各个环节的试验碰撞进行设计,从而加强对交通工程信息的分析和处理,检验施工图纸设计的合理性。在 BIM 技术支持下,将 BIM 方案与预期的评估进行对比,选出最佳的方案。

在实际利用 BIM 技术开展项目计划设计时,通过搭建 BIM,实现对物料使用成本的控制,提高数据提取效率,并在模型多次校验无误后,邀请参建单位再次进行审核,确保参建各单位清晰地了解设计的意图。同时,可借助四维模型进行施工模拟,提供可视化进度,便于查缺补漏,优化施工环境。根据建立的整体模型,构建交通基础设施参数化信息模型,精细化地建立各个组件的微观模型(包括行车道、超车道和应急停车道等组件模型),确保各个组件线路设计的合理性,避免在施工阶段出现偏差,进而影响施工进度。

BIM 技术应用在制图过程中,优化了工程图纸出图方式,保证了设计与施工之间的一致性。通过模型进行设计图纸校验和核对,可预先发现设计中存在的不足之处,深化设计,为后续的设计交底工作夯实了基础。针对施工图纸中的关键点进行标识和标注,可更好地满足实际施工要求,便于施工计划的落实,保证施工进度,提高交通工程项目建设品质。当模型发生改变时,相应的施工图纸会随之发生转变和更改,自动完成图幅安排,减少了设计变更时间,优化了施工环节,实现了对施工成本的控制。

鉴于智慧交通工程项目涉及人员繁杂,为保证各部门、各环节人员的协调性,应用 BIM 技术,不仅提高了交通工程信息传输时效,使人员接收信息更灵活,方便设计人员、参建单位之间的沟通和交流,及时就问题进行协商,大大提高了工作效率;而且可以科学地计算出工程量,工程项目建设单位可以更好地安排采购计划、配置施工人员等,同时,根据工程量科学估算工程成本,实现对不同设计方案的对比,更好地优化了工程招投标阶段的设计和规划。

(2)BIM 技术在施工阶段的应用

将 BIM 技术应用在智慧交通工程施工阶段,可实现对施工成本的控制,加强对施工中质量通病、安全隐患的评估和分析,及时解决施工过程中出现的问题,推进施工进度,保证施工质量。工程项目智慧工地建设的最终目标是成本控制、进度管理和质量提升,基于此,必须借助 BIM 技术优势,确保按时完成施工项目,避免出现停工和二次返工的现象。通过构建 BIM 技术管理系统,实现对各项信息动态化监控;在三维模型场景下,实现对真实的施工场景和施工进度的模拟,避免出现资源浪费的现象。在保证工程建设质量的基础上,确保公路水运工程项目完工建设。在施工场景仿真建设过程中,实现对施工场地合理化调整,并得出施工区平面设计图。在三维施工场景中,借助 BIM 技术,可以科学地进行交通规划和功能区设计,实现功能区的划分,并支持对施工方案、施工组织设计说明的验证和分析,纠正设计方案中的不足之处,通过模型多次验证,选择出最佳的规划方案,更好地为施工管理、施工进度提供保障。

在整个线路与工程标准段管理过程中,应用 BIM 技术创建整体线路宏观模型,实现施工阶段的精细化管理目标,建立施工进度与工程信息相结合的微观模型,并将施工任务、施工资源、质量以及成本等信息录入模型,借助 BIM 软件进行各个阶段施工进度的规划,提供项目建设节点查询和跟踪功能。例如,在电机施工信息查询时,可具体查询施工设施、承建单位及进度信息等。在施工进度模块中,需要根据施工计划模拟整个施工周期,加强对施工安全设施、场地布设等信息的综合考量,根据施工实际情况调整施工进度。在施工进度动态管理方面,可构建5D-BIM调整施工计划,加强调度人员、材料及机械设备计算,全面分析影响施工进度的因素。

BIM技术下的三维场景构建,是借助仿真软件展示仿真动画,为工程管理人员提供最佳的设计方案,实现对方案的模拟对比。同时,在技术交底环节,通过展示三维动画效果图,相关施工人员可直观、清晰地掌握技术工艺实施步骤和流程,实现对施工人员的技术指导。在BIM软件支持下,科学计算各个阶段施工需要的材料资源、人力资源等,加强对工程施工成本的控制,提高工程项目负责人的管理水平,清晰掌握施工全过程信息,从而加强对施工风险的控制和预见,加强施工指导,合理优化工期,为推进施工进度夯实基础。

同时,BIM技术和大数据技术、互联网技术的联合应用,进一步提高了智慧交通智能化建设进程。将BIM得出的相关数据上传至云平台,可实现通过手机移动端的操作,进行进度计划安排、安全管理、施工动态监控等;同时,科学定位施工人员,可清晰地观察到施工人员的施工动态特征,加强对施工人员的技术指导,保证工程项目高效运行。应用BIM技术,可实现施工阶段的精细化管理,保证各项工程数据精确。借助“BIM+点云进度”进行校核,降低模型对比误差,进而实现了对施工材料、预制件加工精度的控制,实现对加工、出厂、运输等环节的进度控制和质量控制,便于工程负责人随时调取各个构件信息,查询预制件制作的原始数据。

通过创建三维BIM,实现对施工进度的模拟;通过模型碰撞检验,提高施工技术、施工组织设计制定的合理性,推动施工进度。在公路水运工程建设中应用BIM技术,保证了工程建设质量,提高了工程信息化水平,加强了对工程质量预判的能力,提高了工程信息收集、存贮、处理水平,并在互联网支持下,实现了工程建设信息的共享及传递。

2.3.11 GIS技术

GIS(Geographic Information System)是地理信息系统的简称,它是一项以计算机、地理学、数学、测绘学等科学为基础的综合性技术。GIS具有在计算机软硬件系统支持下对地球表面空间(含大气层)和地理分布相关的数据进行采集、存储、运算、分析、显示描述的功能。根据GIS技术的开发应用历程分类,GIS技术可分为集成各类分散模块的集成GIS、针对具体应用划分功能的模块、外接数据库管理的核心式GIS、系统功能拆解再整合的组件式GIS以及可搭接互联网浏览器的万维网GIS。如今,关于GIS技术的发展应用又上升到一个新的层面。3DGIS(三维地理信息系统)在传统2DGIS的基础上,可将三维地物从不同角度、不同方向、不同距离显示,并选取各向切面进行三维透视分析;移动GIS将因特网上的海量信息与GIS的数据分析和处理功能相结合,可为用户提供基于位置信息的信息获取、信息交换、信息共享和发布等服务;4DGIS(时间地理信息系统)在传统2DGIS的基础上增加了时间机制,进而实时动态追踪随时间变化的空间与非空间信息,并提供时空分析功能。

GIS具有处理空间数据的强大功能,以现代网络技术、计算机技术为手段,通过对测绘成果的采集、分析和处理,为用户实时提供测绘数据,构建以计算机网络为载体的可视化、交互式的交通测绘成果共享系统,有效提高测绘管理信息化水平。

基于GIS技术,可对交通属性数据和空间数据实施有效管理,做到数据与图形有机结合。由于GIS在图像、图形及属性数据处理方面功能强大,同时有较强的空间分析功能,应用GIS可实现电子地图显示、管理、建立和修改功能,同时可自动连接电子地图上对象与关系数据库中的记录。

近年来,GIS智能化解决方案以其强大的空间分析功能和人工智能为基础,越来越广泛地应用于交通规划、工程设计、施工建设、运营管理、后期维护等方面,贯穿交通工程建设行业全生命周期,为缓解交通压力,实现智慧交通的科学规划和治理、高效运营管理,以及民众出行的舒适体验提供全面的技术服务。

虽然BIM、GIS技术在工程建设中的应用越来越广泛,但单独应用BIM技术或GIS技术推进交通行业信息化管理具有局限性。结合两种技术自身的优点,BIM+GIS技术在高速公路建设过程管理中的应用方法,为交通行业工程建设提供了一种全新的数字化、可视化、精准化的管理工具,可助力公路水运工程由传统微观管理方式向现代化、智能化、宏观化转化。BIM的三维数据集成方式,将建筑信息以模型的形式呈现出来,所有数据联动处理。将BIM技术应用到工程监测领域可以有效提高监测的信息化水平,进而提高监测系统的性能和效率。GIS技术作为重要的空间信息系统,可以集成地图视觉效果和地理信息的分析,从而对地理分布数据进行一系列的数字化统计管理和处理。GIS技术在空间管理上已发展成熟,可以实现建设工程的统筹管控。GIS技术能够描述地表、地下以及大气的二维和三维效果,补充工程全线路的地质分析、淹没分析和环境分析等建筑物外部空间分析。因此,GIS技术可以辅助BIM构建周边地理环境的大场景,提高BIM的建筑性能信息完备性。

GIS技术与现代信息技术结合应用,构建共享平台。GIS技术和虚拟现实技术、移动互联网、物联网、云计算和大数据等现代信息技术结合,可有效构建数字化公路、水路基础信息采集体系和信息平台架构,促进基于大数据的综合交通动态管理和多源多维公路、水路测绘数据管理关键技术的开发和利用,实现智慧公路、桥梁和港口航道等大型综合交通智能化运行。

2.3.12 数字孪生技术

随着大数据、物联网、人工智能等技术的加速突破,以及新一代信息技术与地理信息、全球定位等技术的有机耦合,数字孪生(Digital Twin,DT)成为数字化浪潮的重要趋势。2019年7月,交通运输部印发《数字交通发展规划纲要》,明确提出了数字交通的建设方向,要建设“以数据为关键要素和核心驱动,促进物理和虚拟空间的交通运输活动不断融合、交互作用的现代交通运输体系”。《数字交通发展规划纲要》中提出的数字交通体系与“数字孪生”理念高度一致,标志着我国智能交通发展将迎来数字孪生时代。

数字孪生,即通过建立数字化的虚拟模型,利用物理实体在工作过程中反馈的数据来优化产品设计,以避免产品使用过程中可能出现的故障。目前数字孪生技术已在智能车间运行、智能生产制造系统、智能装备数字孪生模型构建、产品全生命周期管理等方面得到了较为深入的探索应用。数字孪生技术具有数字标识、同步可视、虚实空间交互、多源数据融合的技术优势。设计人员首先根据真实物理模型创建一个动态可操作的数字模型,即数字孪生体。然后,基于传感器数据实时更新数字孪生体的情况,进一步通过计算机技术对其进行仿真分析。最终,分析结果再反馈给物理模型,以实现对物理模型的控制、优化、预测等全生命周期管理应用,从而提高生产效率,加快生产进程。

数字孪生模型因为涉及全生命周期过程,不同复杂度的物理实体不论是外观还是内部组成结构都可能发生不确定性变化。因此,综合利用多源异质的模型数据进行动态更新将是常态。数字孪生模型除了精准映射通过测绘获得的表征数据所反映的物理实体特征之外,还要精准映射其行为规律和相互之间互馈作用的机理,尤其是许多时候由于测绘手段局限所能获得的表征数据不够完备、不够精细、不够准确、不够及时,只能同时依靠模型知识进行推断。因此,数字孪生建模的挑战之一是全时、全域、全要素的实景三维数据与机理模型和专家经验知识的有机集成融合。正是由于有丰富的模型和知识,才能从不断汇聚的时空大数据中挖掘更有价值的整体性系统性信息。

数字孪生对公路水运工程建设期的首要任务就是采集其所对应的工地现场的全要素、全流程、全业务的全生命周期的数据,消除信息孤岛。孪生数据是数字孪生在智慧工地中应用的根本,是实现物理现场体、虚拟现场、现场管控系统的运行及两两交互的驱动。数字孪生数据在集成和深度融合的基础上,还需不断对自身进行更新与扩充。

2.3.13 人工智能技术

在维基百科中人工智能被定义为"人工智能就是机器展现出来的智能,所以只要机器有智能的特征和表现,就应该将其视为人工智能"。在百度百科中人工智能被定义为"人工智能是研究、开发用于模拟、延伸和扩展人的智能的理论、方法、技术和应用系统的一门新的技术科学"。2018 年出版的《人工智能标准化白皮书(2018 年)》中则将人工智能定义为"人工智能是利用数字计算机或者由数字计算机控制的机器,模拟、延伸和扩展人类的智能,感知环境、获取知识并使用知识获得最佳结果的理论、方法、技术和应用系统"。

人工智能的核心在于构造智能系统的人工系统。根据能否实现理解、思考、推理、解决问题等高级行为,将人工智能分为强人工智能和弱人工智能。强人工智能由于在伦理学、哲学等方面有着巨大争议,现阶段发展有限。目前,弱人工智能为研究发展的热点,但至今为止,人工智能系统都是实现特定功能的系统,而不是像人类智能一样,能够不断地学习新知识,适应新环境。

1)人工智能的主要技术

(1)机器学习

现代人工智能不仅依赖于符号知识表示和程序推理机制,更多的是建立在新的基础上,如机器学习。无论是传统的基于数学的机器学习模型或决策树,还是深度学习的神经网络架构,当今人工智能领域的大多数人工智能应用程序都是基于机器学习技术。

传统的机器学习使用基于统计方法的算法来执行机器学习,其中最著名的算法有线性回归、支持向量机、决策树等。这些技术的大多数数学和统计数据都有几十年的历史,且便于理解。直到过去十年,它们才被广泛称为机器学习或人工智能。

(2)计算机视觉

从广义上说,计算机视觉(Computer Vision,CV)就是"赋予机器自然视觉能力"的学科。实际上,计算机视觉本质上就是研究视觉感知问题的。它利用摄像机和电脑代替人眼使得计算机拥有类似于人类的那种对目标进行分割、分类、识别、跟踪、判别决策的功能。

计算机视觉是人工智能领域的一个重要组成部分,它的研究目标是使计算机具有通过二维图像认知三维环境信息的能力。计算机视觉是以图像处理技术、信号处理技术、概率统计分析、计算几何、神经网络、机器学习理论和计算机信息处理技术等为基础,通过计算机分析与处理视觉信息。

(3)自然语言处理

自然语言处理(Natural Language Processing,NLP)技术是人工智能的一个重要分支,其目的是利用计算机对自然语言进行智能化处理。基础的自然语言处理技术主要围绕语言的不同层级展开,包括音位(语言的发音模式)、形态(字、字母如何构成单词、单词的形态变化)、词汇(单词之间的关系)、句法(单词如何形成句子)、语义(语言表述对应的意思)、语用(不同语境中的语义解释)、篇章(句子如何组合成段落)7个层级。这些基本的自然语言处理技术经常被运用到下游的多种自然语言处理任务中,如机器翻译、对话、问答、文档摘要等。

(4)深度学习

深度学习彻底改变了计算机视觉和自然语言处理领域。在深度神经网络中,将多层人工神经网络链接在一起,可以根据通用逼近定理近似任意数学函数。人工神经网络的每一层都由一个线性操作和一个非线性操作组成。

通过向算法提供有关我们要学习的任务的大量数据,可以"学习"线性运算的参数。在内部,使用一种称为"梯度下降"的学习算法来逐步调整参数,直到获得最佳精度。

目前有两个主要的用于开发深度学习应用程序的Python(一种计算机编程语言)框架,即Tensorflow和PyTorch。

(5)强化学习

在传统的机器学习和深度学习中,人工智能系统从过去的数据中学习;而在强化学习中,人工智能系统通过采取一些行动并衡量其回报来学习,类似于训练宠物狗学新技能。

强化学习不仅引发了人工智能领域的革命性突破,还成为问题解决的通用框架。该学习模式将深层人工神经网络融入强化学习,不仅在图像识别和自然语言处理等领域取得突破性的进展,更在围棋等复杂棋类游戏中具有超人的表现。

2)人工智能在数字建造中的应用

无论是城市的规划还是国家的发展,都离不开建筑业。建筑业作为最传统的行业,一直在思索"如何运用先进的技术进行自我革新""如何适应人类不断发展的需求""如何让人类过上更美好的生活"等相关问题。如今,先进的人工智能技术如何在数字建造中深入应用,促进建筑业发展已成为相关从业者的新课题。

(1)项目规划

在现有的数字建造中,人工智能在最初的设计规划阶段就已发挥了重大功效。结合项目地理信息位置、智慧城市特征等相关数据,设计出适合当地地理气候环境的建筑;选取合适的点位,生成功能完善的建筑,让生活更宜居、让工作更有动力。

除了建筑物总体设计以外,在建筑物的细微设计中,目前的数字建造已广泛使用BIM技术进行精确的设计。BIM应用各种类型的工具和技术(包括机器学习)来帮助设计团队避免一个常见的、代价高昂的问题——重复工作。从事共享项目的子团队经常花费时间创建其他子团队已经创建的模型。而使用BIM技术,用户"教会"机器使用算法来生成具有多种变化的设计。当人工智能构建模型时,它会从每次迭代中学习,直到提出理想的模型。

(2)成本管控

在能源成本管控方面,通过收集建筑实时能耗数据,并参考建筑设计、暖通空调系统、照明系统、供电系统以及天气实时数据,经过精细计算,为建筑业主提供各种设备使用的优化方案,从而降低能源消耗。

在项目成本管控方面,可通过训练人工神经网络等多种人工智能算法,在预测工程造价、资源估算、预测中标金额、工程量清单信息获取和管理、资源优化管理、建筑工人活动监测与自动评估等方面发挥功效。

在项目时间管理方面,通过人工智能分析能够优化施工进度计划、实现施工进度监测、工期预估、施工进度实时分析、施工延误分析、施工生产力预测仿真等功能,提高管理效率。

(3)安全管理

安全一直是被重点关注的内容,尤其是在建筑行业。调查数据显示,建筑行业的工人在工作中伤亡的比例是其他行业工人的5倍。意外事故包含了坠落、坠物、触电,以及挤压、夹伤等。

在项目现场,施工人员的施工行为需要受到全方位的监控,由此才能及时发现存在较大安全隐患的施工行为。通过应用人脸识别技术,管理人员可以在现场安装相关设备,同时通过5G等通信技术连接远程控制设备,对不当操作行为及时叫停。通过全方位的人工智能技术应用,现场施工人员将处于一种较强的安全操作警觉状态,从而形成全员重视安全施工的现场氛围。而现场安全管理也将从粗放式管理转变为精细化管理,施工现场向数字化、信息化转变,实现数字建造,能够显著提升施工与管理效能。

此外,在建造过程中,运用人工智能跟踪照片和视频等来源,可以分析、预测并识别现场静态设备中存在的风险及安全隐患问题,及时告知现场管理人员解决相关问题,降低安全隐患,维护现场秩序,加大现场管控力度。

(4)装配化施工

与传统的建造形式相比,装配化施工主要是通过预加工的方式制造建筑构件的。人工智能技术能够对装配式建筑中的预制构件进行机器人标准化生产,进而实现智能机械化生产的目标。与此同时,对建筑机器人进行深度学习技术的开发与使用,能够在减少装配化施工中的人员消耗和成本投入的同时,提升装配式建筑的标准化程度,提高工程施工质量,确保工程的施工效率。除此之外,将这些技术应用在装配化施工中,还能构建无尘施工环境,进而减少职业病害的出现。

(5)融合应用

随着数字建造的复杂性和智慧程度的提升、工程项目管理的风险控制能力适应性要求的提高、建造全过程的协同管理等要求的提高,在对项目建设环境风险感知的风险控制等方面,需促进人工智能技术与传感器(含RFID)、GPS、二维码、摄像(含虚拟现实功能)、激光扫描、无人机、物联网等技术的融合发展。

在项目建造全过程的协同管理方面,人工智能主要通过物联网与项目实施单体融合,形成人机协同格局。项目实施单体可以是人为组织,也可以是多智能体,如3D建筑打印机、建筑机器人(智能建筑机械)及穿戴式、嵌入式设备等。同时,人工虚拟组织能有效提高风险控制的效率。

此外,工程项目管理风险控制需要大量、快捷的数据传输能力,尤其是实时风险控制阶段。而5G网络技术的高速率、低延时等特点,为智能化风险管理提供了有力的技术支撑,同时增强了人机协同的鲁棒性。为此,需拓展研究人工智能技术与其他前沿技术的融合应用发展,促进数字建造发展的进步与壮大。

2.3.14　虚拟现实技术

虚拟现实(VR、AR)又称虚拟环境、灵境或人工环境,是指利用计算机生成一种可对参与者直接施加视觉、听觉和触觉等感受,并允许其交互地观察和操作的虚拟世界的技术。

人在现实世界中可以通过视觉观察五彩斑斓的色彩,通过听觉感知音乐声音,通过触觉了解物体的特性和质感。而虚拟现实可以利用人机交互设备,以人类肢体动作(如头的转动、手的运动)向仪器输入各种动作信息,并且通过视觉、听觉以及触觉等多种感知来进入三维虚拟世界。

虚拟现实能够实现人与自然之间的和谐交互,扩大人对信息空间的感知,从而提高人类对跨越时间和空间的事物以及复杂动态事件的感知能力。从某种意义上来说虚拟现实将改变人类的思维方式,改变人对世界、自己、空间和时间的看法。

作为一项具有深远的潜在应用方向的新技术,虚拟现实正成为第三种认识、改造客观世界的重要手段。通过虚拟环境所带来的真实性,用户可以根据在虚拟环境中的体验,对所关注的客观世界中发生的事件做出判断和决策。可以说,虚拟现实开辟了人类科研实践、生产实践和社会生活的崭新范式。

虚拟现实的重要性主要体现在各种场景的应用上,如在高级培训上,从初级水平到专业水平的真实培训场景,可以帮助学员更快地适应培训环境,逐步提升自己的水平,最终应用到实践中。尤其像军事、医护、安防等场景的演练,在虚拟现实情况下的培训,不仅能够节约培训综合成本,更能够保证学员们的安全,在达到培训目的的同时,大大减少了不必要的人身伤害。

在实体产业数字化转型阶段,AR和VR通过构建网络物理系统,在制造行业的物理世界和虚拟世界搭起了一座桥梁。当结合适当的数据时,AR和VR结合人工智能可以帮助企业构建闭环数据模型,这些模型可以在出现任何错误时自行输入正确指令,从而减少了生产时间。在虚拟界面的帮助下,即使是经验不足的员工也可以在操作机器或组装产品时快速工作,而无须阅读冗长的操作手册。VR和AR通过运行模拟分析产品的每个角落,有时甚至是整个制造过程,帮助企业最大限度地降低运营和制造成本。AR和VR模型实际上是以客户为中心的模型,根据用户的要求提供完整的质量控制和定制,从而增强客户体验。在工业领域,虚拟现实的普及可以助力企业从生产、销售、服务、成本等多领域的降本增效,从而为数字化转型奠定良好的基础。

在公路和水运领域,智慧工地可以通过结合AR和VR技术构建网络物理系统,为实体产业的数字化转型搭建桥梁。在工程领域利用AR和VR技术,借助互联网、物联网和传感网等网络组织作用,将提升项目建设过程中的实时、高效和持续性现场管理能力。这种技术手段能够有效增强人们对工程项目的监控和管理,为提高工作效率、降低成本提供有力支持,推动整个工程领域向数字化智能化方向迈进。

第3章

智慧工地建设思路

3.1 建设原则

智慧工地建设是指利用先进的信息技术手段和管理模式，对工地进行全方位、高效率的管理和监控，以提高施工效率、优化资源利用和确保施工安全。智慧工地建设原则是指在实施智慧工地建设过程中应遵循的基本准则和指导原则。下面是一些智慧工地建设原则。

1）系统整合原则

在智慧工地建设过程中，涉及信息系统和设备往往多样且繁杂，包括工地监控系统、设备管理系统、人员管理系统、安全监测系统等。为了实现工地管理的协同性和高效性，需要将这些系统和设备进行整合，形成一个统一的信息平台。

通过系统整合，不同的信息系统之间可以实现数据的共享和交流。例如，工地监控系统可以与设备管理系统对接，实现对设备状态和运行情况的实时监控和管理；人员管理系统可以与安全监测系统进行数据交换，实现对工人安全行为和人员出入的监控和管理。

系统整合可以避免信息孤岛的问题，提高信息的利用效率。通过统一的信息平台，管理人员可以从一个界面上获取全面的工地信息，无须在不同的系统之间切换和查找。这样可以节省时间和精力，提高管理效率。

此外，系统整合还有助于提高数据的准确性和一致性。通过建立数据接口和数据同步机制，可以确保不同系统中的数据保持一致，减少人为的数据录入和处理错误。这对于后续的数据分析和决策支持至关重要。

综上所述，系统整合可以实现不同信息系统和设备之间的协同工作，提高工地管理的一体化和高效性。

2）数据驱动原则

在智慧工地建设中，通过各种传感器、监控设备等收集到的大量数据可以为决策和优化提供重要依据。因此，智慧工地建设应以数据为核心，注重数据的采集、分析和应用。

（1）智慧工地需要建立完善的数据采集系统。通过安装传感器和监测设备，可以实时获取智慧工地建设中各个方面的数据，如工人的位置、设备的状态、材料的消耗等。这些数据可以通过物联网技术进行传输和存储,形成一个庞大的数据集。

(2)智慧工地需要进行数据分析和挖掘。通过数据分析算法和技术,可以对采集到的数据进行处理和挖掘,发现数据中的规律和趋势。例如,通过数据分析可以预测设备的故障,优化施工计划,提前发现材料的短缺等。数据分析还可以帮助管理人员更好地理解施工过程中的问题和瓶颈,从而制订相应的改进措施。

(3)智慧工地应将数据应用于决策和优化。基于数据的分析结果,管理人员可以做出准确的决策,优化施工计划和资源调度。例如,根据设备使用率的数据分析,可以合理安排设备维护和更新计划;根据工人的工作效率数据,可以进行培训和调整工作分配等。

数据驱动原则使智慧工地能够更加科学、准确地进行管理和决策。通过对大数据的采集、分析和应用,可以发现潜在的问题和机会,提高施工效率,降低成本,并优化资源利用。

3)信息安全原则

在智慧工地建设中,大量的信息通过网络进行传输和存储,包括工地布局图、设备数据、人员信息等。为了保护这些信息的机密性、完整性和可用性,需要采取一系列的信息安全措施。

(1)智慧工地需要建立健全的网络安全体系。网络安全体系包括加密通信、访问控制、防火墙等技术手段,以防止未经授权的访问和攻击。同时,需要定期对网络设备和系统进行安全漏洞扫描和修复,及时更新补丁程序。

(2)智慧工地需要加强对数据的保护和备份。通过数据加密、备份和恢复机制,可以保证数据的安全性和可用性。同时,需要设立权限管理机制,对不同用户进行权限的控制和限制,确保只有授权人员才能访问敏感数据。

(3)智慧工地还需要加强对移动设备的安全管理。移动设备在智慧工地建设中广泛应用的同时,也带来了安全风险。管理人员应制定相关的安全策略,包括密码锁定、远程清除数据、应用程序安全等,以保护移动设备中的敏感信息。

信息安全原则是智慧工地建设的基础,只有保护好工地的信息安全,才能保证工地管理的正常运转和数据的可靠性。

4)移动化原则

随着移动设备的普及和技术的进步,智慧工地可以利用移动设备和移动应用程序,实现对工地随时随地监控和操作。移动化原则可以极大地提高管理人员的工作效率和灵活性。

(1)移动化可以实现实时巡查和问题处理。管理人员可以通过手机或平板电脑随时查看工地的状态和进展情况,了解设备的运行状态和工人的工作情况。如果发现问题或异常情况,可以立即采取措施进行处理,避免问题扩大化或延误施工进度。

(2)移动化可以提供即时通信和协同工作的平台。通过移动应用程序,管理人员可以与工地中的各个部门和人员进行实时的沟通和协作。无论是与工程师讨论设计问题或与工人协调工作安排,还是与供应商联系物资采购,都可以通过移动设备进行快速、便捷的沟通。

(3)移动化可以提供移动办公的便利性。管理人员可以在移动设备上查看和处理工地相关的文件和报表,无须返回办公室。这样可以节省时间和提高工作效率,同时减少纸质文件的使用,符合环保理念。

(4)移动化可以扩展到工人和现场施工人员。通过为工人提供移动设备和相应的应用程序,可以实现工作任务的分配、工作进度的记录和反馈等。这样不仅提高了工人的工作效率,还提供了数据的实时汇总和分析,为后续的决策提供依据。

总之,通过移动设备和移动应用程序的应用,可以实现工地管理的灵活性、高效性和便捷性,提高管理人员和工人的工作效率。

5)自动化原则

通过引入自动化设备和技术,可以减少人工操作和劳动强度,提高工作效率和安全性。在智慧工地建设中,可以采用各种自动化设备来完成重复、烦琐的工作任务。例如,自动化搬运设备可以代替工人进行材料的搬运和运输,提高工作效率并减少人力成本;自动化焊接机器人可以实现高质量的焊接工艺,提高工程质量和效率;自动化测量和检测设备可以实时监测工地的参数和质量指标,减少人为误差和提高监测准确性。

自动化原则还可以应用于工地安全管理。例如,使用自动化监测系统和摄像设备,可以实时监测工地的安全状况,及时发现潜在的安全隐患,避免事故的发生;使用自动化安全警示系统可以对工人进行安全提醒和警示,增强施工现场的安全意识。

此外,智慧工地还可以利用自动化技术来提高能源利用效率和环境保护。自动化的能源管理系统可以实时监测和控制能源的使用情况,优化能源的分配和调度,减少能源的浪费。自动化的环境监测系统可以实时监测空气质量、噪声水平等环境参数,及时采取措施减少对周边环境和居民的影响。

通过对自动化原则的应用,智慧工地可以实现工作的高效性、精确性和安全性。引入自动化设备,减少了人为因素的干扰,提高了施工的准确性和稳定性,减少了工人的劳动强度和风险,提高了工作的安全性和舒适性。

综上所述,通过引入自动化设备和技术,可以提高工作效率、质量和安全性,实现智慧工地的高效管理和施工运作。

3.2 建设目标

智慧工地建设旨在通过引入先进的信息技术和智能化设备,提高工地管理的效率、质量和安全性。智慧工地建设目标如下所列。

1)提高施工效率

通过自动化设备和智能化系统的应用,可以减少人工操作,优化资源调度,实现工序的高效协调和施工进度的有效控制。智慧工地可以通过自动化搬运设备、无人机巡检、远程监控等手段,提高物资和设备的运输效率,减少施工过程中的人力瓶颈,提高工作的速度和效率。

2)提升施工质量

通过引入智能化的监测和检测设备,可以实时监测施工过程中的参数和指标,减少人为误差，提高质量控制的准确性。例如，利用传感器监测混凝土强度和温度，及时调整施工工艺；利用无损检测技术监测结构安全性，确保工程质量达到标准要求。智慧工地还可以通过建立质量管理系统和数据分析平台，实现对施工质量的全面监控和分析，及时发现问题并采取纠正措施。

3）提高安全管理水平

通过应用智能化的安全监测系统和安全警示设备，可以实时监测工地的安全状况，发现潜在的安全隐患，及时采取措施进行预警和警示。例如，利用视频监控系统和人脸识别技术，可以对工地出入口进行监控和管理，确保只有授权人员进入工地。智慧工地还可以通过安全培训和意识提升活动，增强工人和管理人员的安全意识，提高其应急处理能力，减少事故发生的可能性。

4）实现信息化管理

通过建立统一的信息平台和数据管理系统，实现不同信息系统和设备之间的数据共享和交流，提高信息的利用效率和管理决策的准确性。智慧工地可以建立工地监控系统、设备管理系统、人员管理系统、物资管理系统等，将各方面的数据整合在一起，形成全面、准确的工地信息。管理人员可以通过这些系统进行实时监测和数据分析，快速地做出决策和调整。

5）提升环境可持续性

通过引入智能化设备和技术，可以实现资源的节约和环境的保护。智慧工地可以利用智能化的能源管理系统，优化能源的使用和分配，减少能源的浪费。通过环境监测和控制系统，可以实时监测工地的空气质量、噪声水平等环境指标，采取相应的措施减少对环境的影响。智慧工地还可以推广可持续建筑材料和施工工艺，降低对自然资源的消耗，减少对生态环境的破坏。

6）实现协同合作

通过引入信息化技术和通信设备，可以实现各个部门、各个岗位之间的协同工作和沟通。智慧工地可以建立协同平台和移动应用程序，方便各个团队成员之间的信息共享、任务分配和工作协作。通过协同合作，可以加强工地内外的沟通和协调，提高工作效率，减少信息传递和理解上的误差。

7）高度自动化

智慧工地可以应用自动化搬运设备、无人驾驶车辆、机器人施工等技术，减少对人力资源的依赖，降低人为因素引起的错误和事故风险。高度自动化的工地可以实现连续、高效的施工作业，提高工作的质量和效率。

8）提升用户体验

用户包括建设、施工、监理等各方面的利益相关者。通过对智能化设备和信息技术的应用，可以提供更便捷、更高效的工作环境和服务。例如，智慧工地可以提供在线报修和问题反馈系统，方便工人和管理人员及时提交和解决问题；可以提供实时的工地进展和质量报告，使业主能够随时了解工程的情况；可以提供在线的工作安排和交流平台，方便工人之间的协作和沟通。通过提升用户体验，智慧工地可以增强各方的满意度，建立良好的工作关系和口碑。

9）*数据分析和预测*

通过对工地数据的收集和分析，从中提取有价值的信息和发现规律，为管理人员提供科学的决策依据。智慧工地可以利用数据预测模型，预测工程进展、资源需求和风险等，帮助管理人员做出合理的计划和调整。通过数据分析和预测的应用，可以提高工地管理的智能化水平，优化资源配置和施工策略，提高项目的成功率和经济效益。

10）*推动行业创新*

通过引入先进的信息技术和智能化设备，智慧工地可以带动行业内的技术创新和工艺改进。智慧工地的成功应用可以成为行业的典范和榜样，促使其他工地和企业也加入智慧工地建设的行列。智慧工地建设可以推动行业的数字化转型、智能化升级，提高整个行业的竞争力和发展水平。

综上所述，智慧工地建设的目标是提高施工效率、质量和安全性，实现信息化管理和协同合作，推动环境可持续性和行业创新。通过智能化设备和信息技术的应用，智慧工地可以提供高效、便捷的工作环境，提升用户体验，并为管理决策提供科学依据。智慧工地的建设不仅是对工地管理的革新，也是对整个建筑行业的推动和改进。

3.3 建设架构

智慧工地由感知层、通信层、数据层、应用层以及用户层组成，其架构如图 3-1 所示。运行与维护为智慧工地的正常运行提供保障。信息安全保障为智慧工地数据信息安全、软硬件安全提供保障。

1）*感知层*

感知层是智慧工地建设中最基础的一层，负责采集和感知工地的各种参数和信息。感知层的要求如下：

（1）传感器选择和部署。根据工地的需求，选择适当的传感器来监测温度、湿度、气压、噪声、振动等环境参数，以及设备状态、施工进度等工地信息。

（2）传感器数据准确性。传感器应具备高准确性和可靠性，能够准确地采集和传输数据，确保监测结果的可信度。

（3）数据实时性。传感器应能够实时采集数据，并及时传输到上层系统进行处理和分析，以实现对工地状态的实时监测和控制。

(4)传感器网络架构。建立可靠的传感器网络架构,确保传感器之间的通信和数据传输稳定可靠。传感器网络可以采用有线连接或无线连接两种方式;根据工地的实际情况选择适当的网络技术。

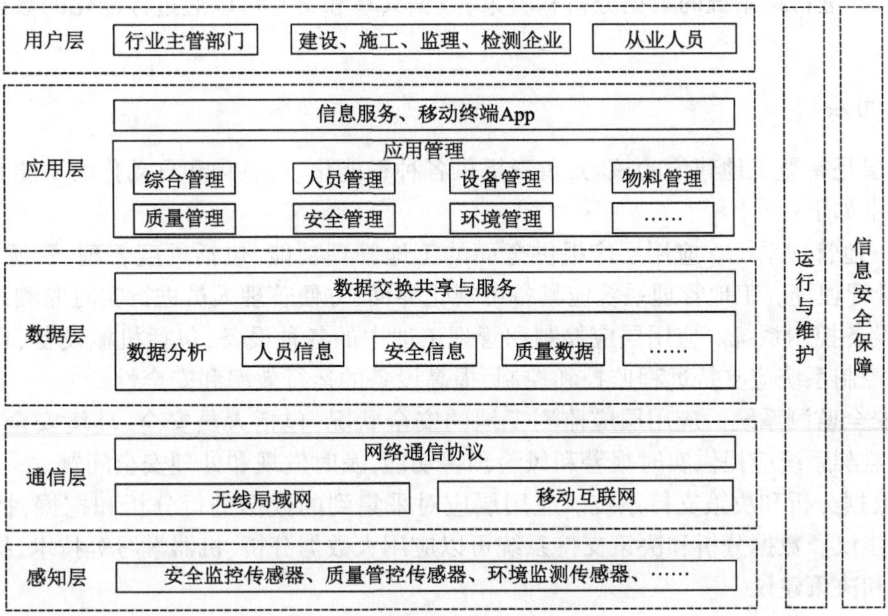

图3-1 智慧工地建设架构图

2)通信层

通信层负责传输感知层采集到的数据和信息,以及应用层的指令和控制信号。通信层的要求如下:

(1)网络稳定性。通信层需要提供稳定的网络连接,确保数据传输的可靠性和实时性。通信层可以采用有线网络、无线网络或混合网络来满足不同场景的通信需求。

(2)带宽和容量。通信层需要具备足够的带宽和容量,以支持大规模的数据传输和高并发的通信需求。特别是在大型工地或复杂项目中,通信层需要能够处理大量的数据流量和信息传输。

(3)安全性和隐私保护。通信层应采取相应的安全措施,确保数据传输过程的安全性和隐私保护。安全措施包括加密传输、身份认证、访问控制等技术手段,防止数据泄露和非法访问。

3)数据层

数据层负责对感知层采集到的数据进行处理、存储和管理,以及提供数据访问接口。数据层的要求如下:

(1)数据处理和分析。数据层需要具备数据处理和分析的能力,包括数据清洗、数据挖掘、数据聚合等技术,以提取有价值的信息和发现规律;数据处理和分析可以帮助工地管理人员做出科学的决策和优化工地运营。

(2)数据存储和管理。数据层需要提供高效、可靠的数据存储和管理机制;可以采用数据库系统或云存储等技术,确保数据的安全性、可靠性和可扩展性。

(3)数据共享和交互。数据层应支持数据的共享和交互,以便不同系统和应用之间可以共享数据,并进行跨系统的数据分析和决策;数据共享和交互可以通过标准化的数据接口和协议来实现。

4)应用层

应用层是智慧工地建设的核心,负责提供各种智能化、信息化和自动化的功能和服务。应用层的要求如下:

(1)工地管理系统。应用层应提供全面的工地管理功能,包括进度管理、资源管理、人员管理、质量管理等。工地管理系统应具备可视化界面,方便管理人员进行实时监测和决策。

(2)设备控制系统。应用层应控制和管理工地中的各种设备,包括机械设备、自动化设备等。设备控制系统应支持远程监控和控制,提高设备的运行效率和安全性。

(3)安全监测系统。应用层应监测工地的安全状况,包括人员安全、环境安全、设备安全等。安全监测系统应提供实时报警和风险预警功能,及时发现和处理安全问题。

(4)数据分析和决策支持系统。应用层应对采集到的数据进行分析和挖掘,提供决策支持和优化建议。数据分析和决策支持系统可以应用大数据分析、机器学习等技术,提供准确的数据预测和决策建议。

5)用户层

用户层是智慧工地建设中的最终用户,包括工地管理人员、监理人员、施工人员等。用户层的要求如下:

(1)用户界面友好性。用户层需要提供直观、易用的用户界面,使用户能够方便地操作和访问系统功能。

(2)移动端支持。用户层需要支持在移动设备上访问和使用系统功能,使用户可以随时随地进行工地管理和监控。

(3)用户权限管理。用户层需要根据用户的角色和权限,对系统功能和数据进行权限管理,确保用户只能访问其所需的功能和数据,并保护数据的安全性和隐私。

(4)实时通知和报警。用户层需要向用户提供实时的通知和报警功能,及时通知用户工地状态变化、安全风险等重要信息。

(5)数据可视化。用户层需要通过可视化的方式呈现数据和信息,帮助用户更直观地理解和分析工地的状态和趋势。

综上所述,感知层负责采集工地的各种参数和信息,通信层负责数据的传输和通信,数据层负责数据的处理、存储和管理,应用层提供各种智能化和自动化的功能和服务,用户层为最终用户提供友好的界面和功能。这些层级之间相互配合,构成了智慧工地建设的整体架构,为工地管理人员提供全面的监测、控制和决策支持。同时,每个层级都有相应的要求和功能,包括传感器选择与部署、网络稳定性、数据处理与分析、用户界面友好性等。通过合理设计和整合这些层级和功能,可以实现智慧工地的高效运营和管理。

第4章 智慧工地基本功能建设

4.1 概述

智慧工地基本功能的建设可从项目的综合管理、人员管理、设备管理、物料管理、质量管理、安全管理、环境管理、BIM 管理等方面进行,其中人员管理、设备管理、物料管理、质量管理、生态环保应紧紧围绕“人、机、料、法、环”五大要素,全面提升工程质量;利用项目管理整体提升“人、机、料、法、环”五大要素管理的效率,实现参建单位工程管理互联协同。安全管理要参考平安工地建设要求,杜绝人为因素、设备故障、材料质量、工艺方法、环境因素等造成的质量、安全隐患。最后通过 BIM 实现工程建设数据的可视化展示。

4.2 综合管理功能建设

4.2.1 建设内容

综合管理主要围绕“三控两管”的工程信息化管理核心,贯穿整个公路建设工程项目管理过程,包含了组织管理、合同管理、计量支付、文档管理、党政廉洁等功能,涵盖了多个业务流程,规范了建设过程中的业务操作,为项目管理提供快速、便捷的信息查询途径。

4.2.2 功能要求

1)组织管理

工程项目管理组织是为了实现工程项目目标而进行的组织系统的设计、建立和运行,建成一个可以完成工程项目管理任务的组织机构,建立必要的规章制度,划分并明确岗位、层次、责任和权力,并通过一定岗位人员的规范化行为和信息流通,实现管理目标。

2)合同管理

通过合同管理,登记合同信息和合同条款,上传合同附件,登记合同清单、增补清单,登记合同拨款信息与变更信息。系统自动生成合同台账、清单台账、变更台账及拨款台账,并自动更新,可实时浏览合同信息和变更信息等。可根据变更类型的不同,选择相应的变更程序和流程,每项变更程序之间相互关联,做到自动留痕,可追溯。

3)计量支付

授权单位依据计量规则,在线登记中间计量、材料调差以及奖罚金,上报中期支付证书,主管单位在线批复中间计量数量以及支付项金额,按期建立计量支付台账。

4)变更管理

授权单位依据招投标结果,在线登记项目合同,导入合同清单,并根据计量方式,分解清单,形成零号台账,根据项目标段实施情况,创建增补清单。

(1)变更意向

授权单位根据工程实际情况发起变更意向申请,主管单位进行变更意向审批,审批通过发起变更通知。变更立项内容包括变更内容、金额、依据以及相关附件。

(2)变更通知

授权单位根据工程实际情况单独发起变更通知,或依据审批通过的变更意向发起变更通知,相关单位实时接收变更通知。变更通知内容包括通知内容、接收单位、参照依据以及相关附件。

(3)变更申报

授权单位根据工程实际情况单独发起变更申报,或依据审批通过的变更通知发起变更申报,主管单位在线审核变更申报。变更申报内容包括申报内容、变更增减金额、申报清单以及相关附件。

(4)变更令

授权单位根据工程实际情况单独发布变更令,或依据审批通过的变更申报发布变更令,相关单位实时接收变更令。变更令内容包括变更内容、变更增减金额、变更清单以及相关附件。

(5)变更台账

授权单位在变更令发布后,查阅变更台账及清单明细,对比合同清单和变更清单,系统支持按标段以及变更分类等条件浏览和查询变更信息资料库(变更台账);提供各级管理人员签署的意见,该变更立项批复情况,查阅相关的变更设计图纸及原设计图纸的功能等。

5)文档管理

文档管理是指对项目的提出、立项、审批、招投标、勘察、设计、施工、监理及竣工验收全过程形成的包括报建、报批、施工图纸、会议纪要、施工日志、声像、进度表等工程项目资料进行电子信息存档的管理,实现工程文件、资料档案的数字化标准管理。

6)党政廉洁管理

在PC终端和手机App的项目管理模块中,设置党政廉洁管理的功能子模块,以在线发布新闻、通知公告等方式进行党政廉洁建设的宣贯、活动展示与宣传。

(1)廉洁建设

廉洁保证体系:在系统中设置廉洁保证体系,提出各项保证措施。

廉洁专项活动:在系统中上传和登记组织的廉洁专项活动,为单位廉洁履约考核加分提供依据。

投诉举报:在系统中可以查询举报内容以及答复。

廉洁履约考核:在系统中设置本工程的廉洁建设量化考核表,并自动统计分数,可通过系统查询各单位的廉洁考核情况。

(2)党风建设

通过党建管理模块可以设置党建文件、理论园地和党员活动等子模块,阶段性地将党建信息、党建活动及相关的培训教育,以短视频和文件的形式上传。

4.3 人员管理功能建设

4.3.1 建设内容

工程施工涉及的单位和人员较多,管理流程烦琐、复杂,为了增强管理的规范性和提高管理效率,利用人员管理系统进行在线人员档案管理;利用脸部识别进行考勤管理;针对三场、项目部、作业区域采用智能门禁,管理人员的出入;与考勤管理关联,对劳务人员的工资发放进行管理,保证劳务人员的权益。

4.3.2 功能要求

1)档案管理

对工程所有参建人员的相关信息进行汇总统计,汇总信息包含参与履约考核人员的单位信息、岗位、职称、持证情况等。将项目人员及资质的审核流程全部梳理集成到平台,实现网络化审核,并对其信用进行网上打分。

2)考勤管理

通过考勤,对人员考勤实现全面自动化管理,可以随时掌握人员出勤情况,能够快速、准确地查询人员各个时间的考勤信息,并实时统计考勤结果,统计各个单位已经打卡的人数和未打卡的人数。

3)人员门禁

在项目建设过程中,严格按照国家有关规定进行劳务人员实名制管理,为所有进场人员进行身份证验证,录入实名制登记系统,并给人员发放门禁卡,严禁未经许可人员进入。

4)劳务管理

与考勤管理系统相关联,工资管理系统具备数据整理功能,能自动生成每名员工当日出勤小时数,剔除异常数据并生成日报表。

4.4 设备管理功能建设

4.4.1 建设内容

设备管理是利用物联网与互联网技术对施工现场的机械进行统一管理,包含设备二维码、设备定位、特种机械安全、车辆门禁等。设备管理建设框架如图4-1所示。

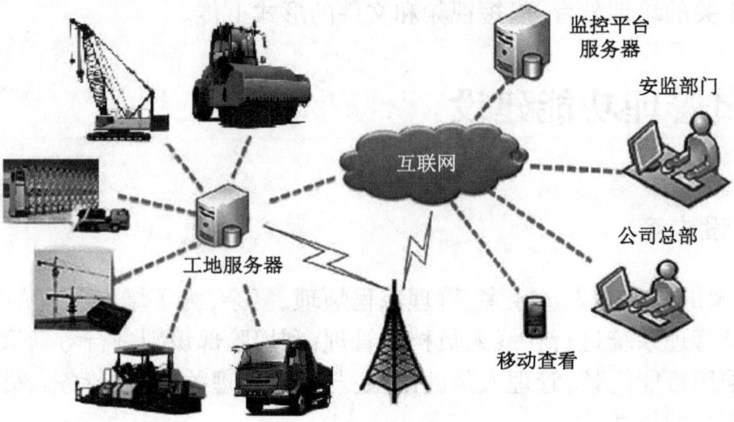

图4-1 设备管理建设框架

4.4.2 功能要求

1)设备二维码

在需要管理的设备上贴上包含设备编号、设备规格型号、进场日期、验收状态等信息的二维码。通过二维码识别管理系统,可有效加强对机械设备等动态管理。

2)设备定位

对重要运输车辆进行定位管理,记录设备的位置状态,便于管理。设备定位功能将与前场生产和后场施工贯穿起来。

3)特种机械安全

对施工现场危险性较大的起重机、挂篮、龙门架设备安装预警监控系统,实现对机械设备运转情况的实时监测,将设备的各种运行信息上传并记录在服务器中;可远程查看设备的实时GPS位置;对常规故障进行预警,报警并控制,并保存故障信息,提高设备运行的安全可靠性,对设备历史运行记录进行管理。

4)车辆门禁

在施工区域安装车辆门禁管理系统,采用百万像素高清车牌识别摄像机自动识别出入闸口车辆信息,区分工程施工车辆或社会车辆,并记录车辆出入闸口的详细信息(如车牌号、车型、时间以及闸口位置等)。对工程施工车辆设置自动放行模式,对社会车辆设置禁止通行模式,从而实现对本工程车进出车辆的有效监督和管理。

4.5 物料管理功能建设

4.5.1 建设内容

物料管理范围包括水泥、粗(细)集料、外掺剂、钢筋、钢绞线、锚夹具、支座、危险品等。材料管理台账与地磅称重系统关联,施工单位登记物料的名称、规格型号、数量、供应商、领料及发料登记人、进出库数量和时间等,并且记录每种材料的使用部位,由监理单位进行审核。物料管理建设框架如图4-2所示。

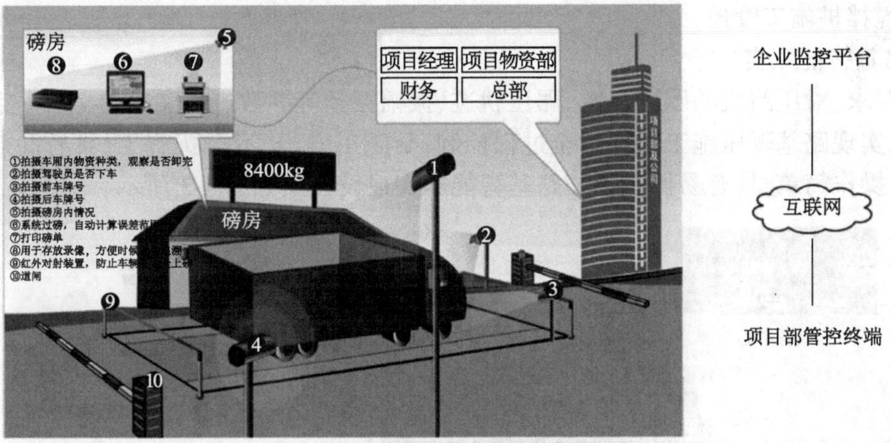

图4-2 物料管理建设框架

4.5.2 功能要求

1)物料出入库管理

通过手持终端对电子标签实施扫描,高效地办理出入仓工作,了解物料的出入仓库的情况,并对仓库数据实施实时更新。在数据库中清晰地体现各种化学品在销售中的比例,同时可以避免由于人为原因而造成的时间浪费,以及他人非法取用危险品,保证安全品的安全;原材料进场后主动推送通知,提醒施工单位、监理单位和中心试验室进行及时抽检;同时系统中内置各种原材料的检验参数,方便工作人员检验。

2)物料统计库管理

通过系统平台对现场的水泥、粗/细集料、外掺剂、钢筋、钢绞线、锚夹具、支座、危险品等的用量进行管理。实时统计库存物料量,主动通知管理人员进行及时备料。

4.6 质量管理功能建设

4.6.1 建设内容

质量管理包含路基质量管理、路面质量管理、水稳基层施工质量管理、水泥混凝土结构物施工质量管理、试验管理等功能，做到将施工质量从事后把关转向事前控制、事中全过程监管的质量控制模式，提高工程质量。

4.6.2 功能要求

1)路基质量管理

路基质量管理应包含路基的智能压实、3D数字化施工、无人驾驶压路机、路基沉降监测和软基水泥搅拌桩施工管控。

(1)路基智能压实

功能要求：对压路机的碾压遍数、碾压轨迹、振幅振频等参数进行实时监测，间接反映路基的压实度，实现路基碾压施工过程的全过程控制；与施工同步，不干扰施工，具有高效性；人机界面友好，操作简单，具有易操作性。路基智能压实建设方案如图4-3所示。

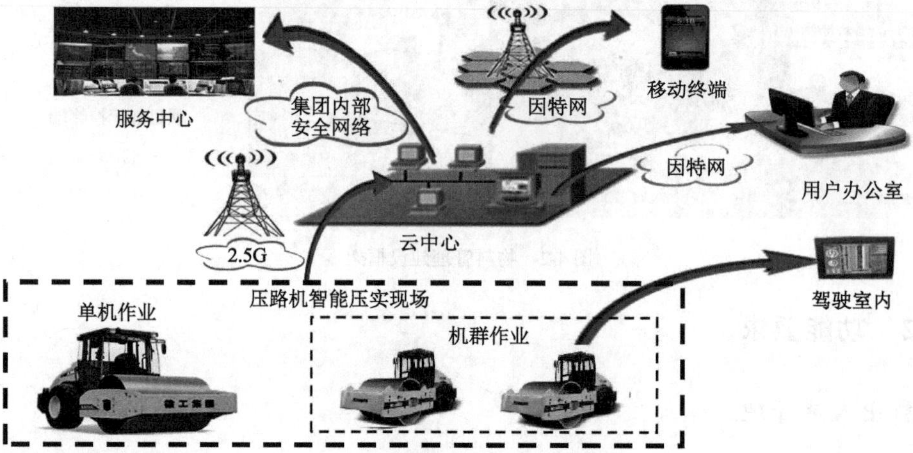

图4-3 路基智能压实建设方案

(2)3D数字化施工

功能要求：通过对路基施工机械推土机、平地机、挖掘机进行改造加装机载电脑等设施，实现推土机等设备实时显示和记录工作面的施工数据，自动控制设备按照设计文件坐标进行施工，系统可以精准地保证填筑厚度及平整度，降低施工方作业人员的工作强度和施工成本；推土机等设备可以在设计表面复杂、驾驶员水平不高的条件下施工，也可以昼夜施工，快速、精确地实现设计目标，避免返工，提高工作效率；挖掘机可依照事先定好的统一基准和坡比设置，在施工过程中，操作人员通过系统控制文件控制挖掘机铲斗的升降，弥补了传统修坡凭感觉、需要测量员实时配合的不足，提高了修坡综合效率。3D数字化施工建设方案如图4-4所示。

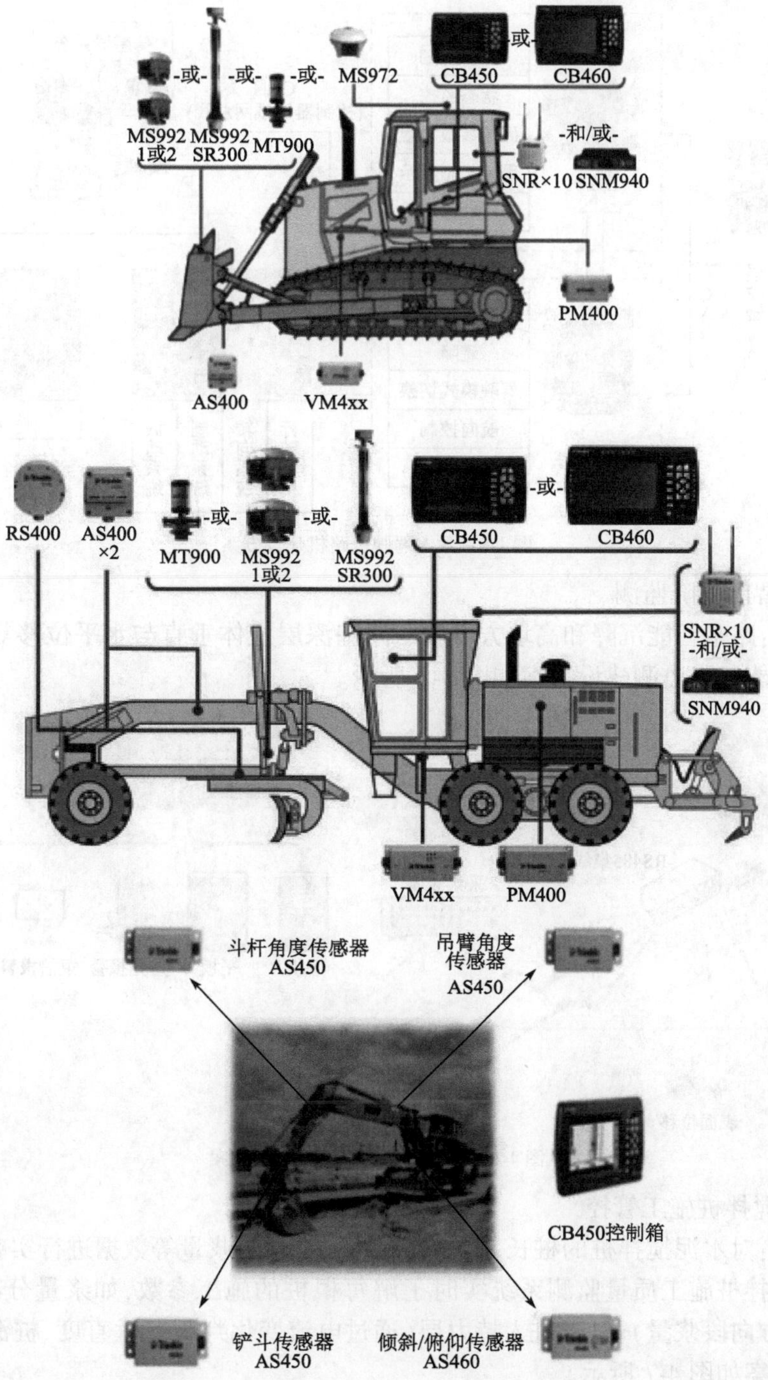

图4-4 3D数字化施工建设方案

(3)无人驾驶压路机

功能要求:能够自主完成压路机点火、起步、变速、转向、倒车、停车等基本操作,有效解决相邻作业面间漏碾、交叉、重复碾压等问题,保证碾压机全天候、危险环境等极限条件下正常施工作业。无人驾驶压路机建设方案如图4-5所示。

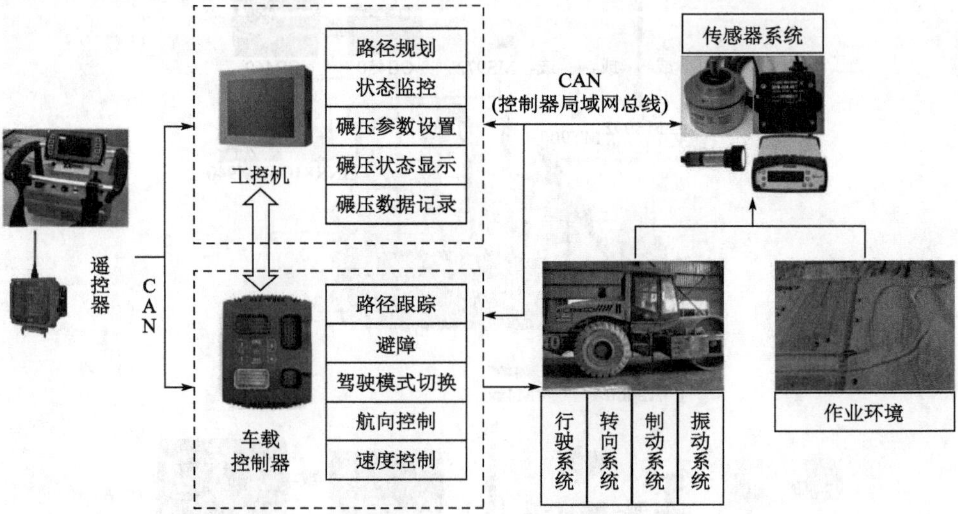

图 4-5　无人驾驶压路机建设方案

(4)路基智能沉降监测

功能要求:路基智能沉降和高填方段软土路基深层土体垂直与水平位移等参数进行实时监测。路基智能沉降监测建设方案如图 4-6 所示。

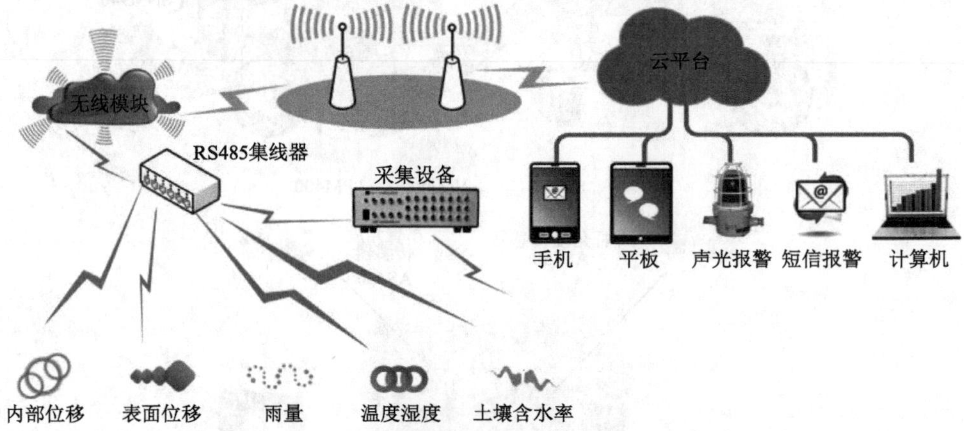

图 4-6　路基智能沉降监测建设方案

(5)水泥搅拌桩施工管控

功能要求:对水泥搅拌桩的桩长、水泥用量、段浆量、总浆量等数据进行实时监测。指挥部可通过水泥搅拌桩施工质量监测系统实时了解每根桩的施工参数,如浆量分布(包括各桩总浆量、沿深度方向段浆量)、是否进入持力层(通过电流变化判断)、垂直度、桩深等。水泥搅拌桩施工管控方案如图 4-7 所示。

2)路面质量管理

路面质量管理是利用物联网和互联网技术,将沥青混合料拌和生产监控、沥青混合料运输监控、沥青混合料摊铺监控和沥青混合料的碾压监控进行统一管理。路面质量管理建设方案如图 4-8 所示。

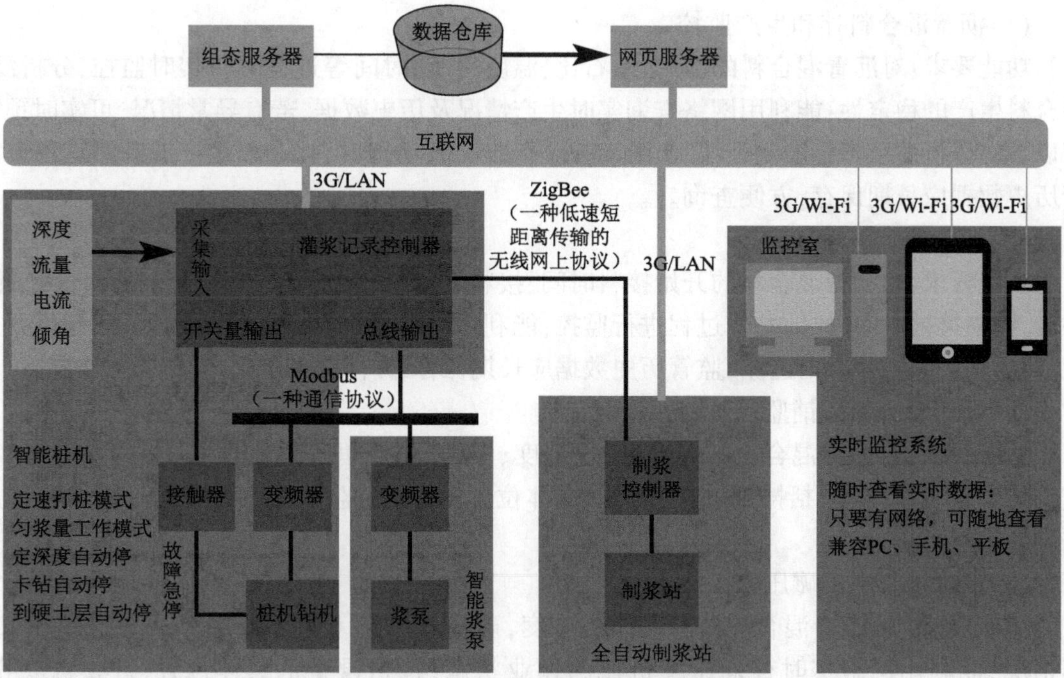

图 4-7　水泥搅拌桩施工管控方案

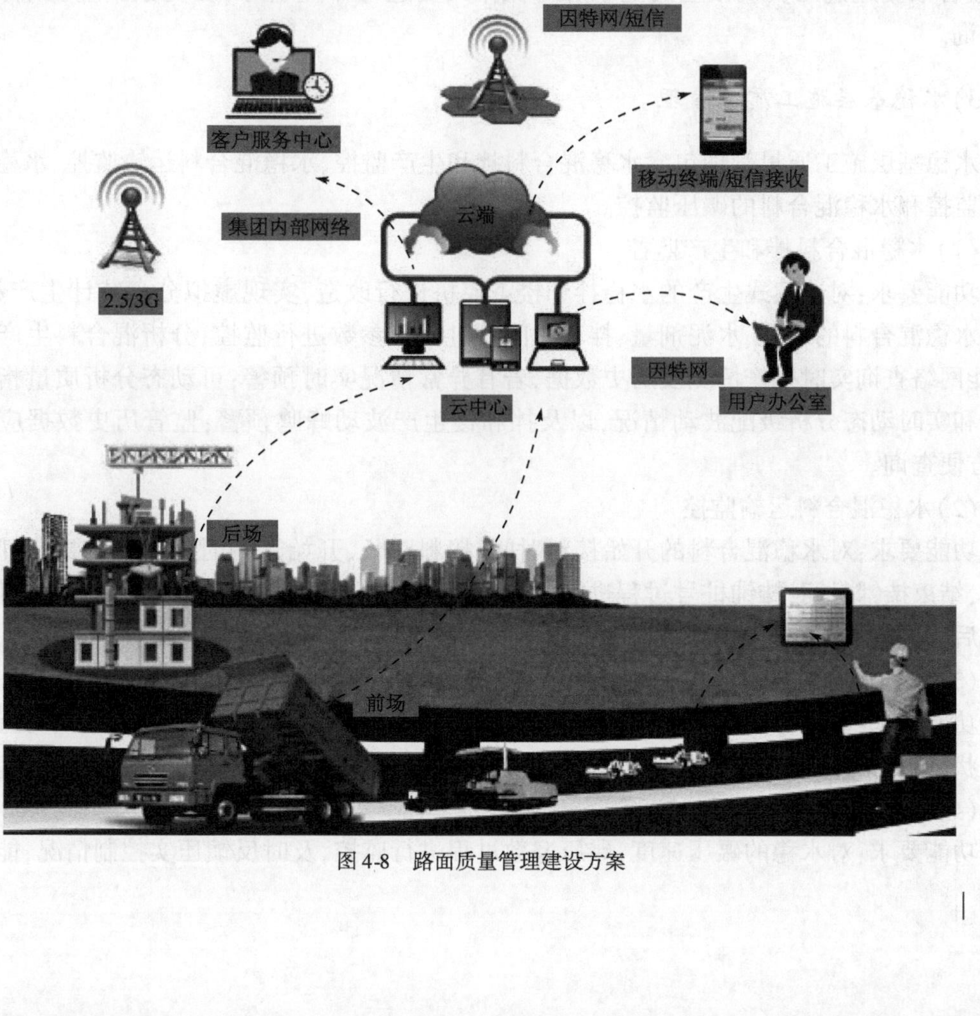

图 4-8　路面质量管理建设方案

(1)沥青混合料拌和生产监控

功能要求:对沥青混合料的级配、油石比、温度、拌和时间等过程进行实时监控,分析沥青混合料生产的稳定性;能利用网络查询实时生产情况及历史数据,若有异常情况,可实时预警;可以动态分析质量指标波动情况,实时动态分析级配波动情况,拌和楼生产波动蜂鸣预警;监管历史数据应长期保存,方便查询。

(2)沥青混合料运输监控

功能要求:对沥青混合料的开始接料时间、接料时长、开始运输时间、开始摊铺时间、摊铺桩号,结束摊铺时间、摊铺桩号过程进行监控;能利用网络查询材料的运输周期、摊铺位置,实现前、后场的数据关联与追溯;监管历史数据应长期保存,方便查询。

(3)沥青混合料摊铺监控

功能要求:对沥青混合料的摊铺温度、速度、厚度、作业里程进行监控;能利用网络实时查询摊铺作业状态,包括摊铺速度、轨迹、具体位置等信息;监管历史数据应长期保存,方便查询。

(4)沥青混合料的碾压监控

功能要求:对沥青混合料碾压温度、速度,碾压遍数过程进行监控,及时反馈压实控制情况;能利用网络实时查询压实机械的作业状态,包括设备的具体位置、行驶轨迹等信息;监管数据通过压实机械上的显示屏对操作人员进行作业引导;历史数据应长期保存,方便查询。

3)水稳基层施工质量管理

水稳基层施工质量管理包含水稳混合料拌和生产监控、水稳混合料运输监控、水稳混合料摊铺监控和水稳混合料的碾压监控。

(1)水稳混合料拌和生产监控

功能要求:对连续式生产的水稳拌和楼工控机进行改造,实现虚拟分盘统计生产数据;实现对水稳混合料的级配、水泥剂量、拌和时间等过程及参数进行监控,分析混合料生产的稳定性;能网络查询实时生产情况及历史数据,若有异常情况实时预警;可动态分析质量指标波动情况和实时动态分析级配波动情况,以及拌和楼生产波动蜂鸣预警;监管历史数据应长期保存,方便查询。

(2)水稳混合料运输监控

功能要求:对水稳混合料的开始接料时间、接料时长、开始运输时间、开始摊铺时间、摊铺桩号,结束摊铺时间、摊铺桩号过程进行监控;能利用网络查询材料的运输周期、摊铺位置,实现前后场的数据关联与追溯;监管历史数据应长期保存,方便查询。

(3)水稳混合料摊铺监控

功能要求:对水稳混合料的摊铺速度、厚度、作业里程进行监控;能利用网络实时查询摊铺作业状态,包括摊铺速度、轨迹、具体位置等信息;监管历史数据应长期保存,方便查询。

(4)水稳混合料的碾压监控

功能要求:对水稳的碾压速度,碾压遍数过程进行监控,及时反馈压实控制情况;能利用网络实时查询压实机械的作业状态，包括设备的具体位置、行驶轨迹等信息；监管数据通过压实机械上的显示屏为操作人员进行作业引导；要求历史数据长期保存，方便查询。

4）水泥混凝土结构物施工质量管理

水泥混凝土结构物施工质量管理包含水泥混凝土拌和生产监控、水泥混凝土运输监控、智能张拉、智能压浆、智能养生。

（1）水泥混凝土拌和生产监控

功能要求：对水泥混凝土的级配、水泥剂量、拌和时间等过程及参数进行监控，分析混合料生产的稳定性；能利用网络查询实时生产情况及历史数据，若有异常情况实时预警；可动态分析质量指标波动情况和实时动态分析级配波动情况，以及拌和楼生产波动蜂鸣预警；监管历史数据应长期保存，方便查询。

（2）水泥混凝土运输监控

功能要求：对水泥混凝土的开始接料时间、接料时长、开始运输时间、开始浇筑时间、浇筑桩号，结束浇筑时间、浇筑部位进行监控；能利用网络查询材料的运输周期、浇筑位置，实现前、后场的数据关联与追溯；监管历史数据应长期保存，方便查询。

（3）智能张拉

功能要求：通过计算机控制系统，对预应力智能张拉仪、智能千斤顶进行准确控制。以应力为控制指标，以伸长量误差为校对指标，系统通过传感技术采集每台张拉设备（千斤顶）的工作压力和钢绞线的伸长值（含回缩量）等数据，实时将数据传输给系统主机进行分析与判断。

（4）智能压浆

功能要求：通过计算机控制系统操作预应力自动压浆装置，使浆液在由预应力管道、制浆机、压浆泵组成的回路内持续循环以排净管道内空气，及时发现管道堵塞等情况，并通过加大压力进行冲孔，排出杂质，消除致压浆不密实的因素。

（5）智能养生

功能要求：可以根据环境温度、干湿度自动调节喷淋量进行养生，可实时、精确地监控温度和湿度，有效节约用水量，并且采集、记录养生数据。

5）试验管理

功能要求：对工地试验室的主要试验仪器设备进行智能管理，包括水泥胶砂抗压抗折一体机试验模块、万能机试验模块、压力机试验模块、沥青三大指标模块、沥青混合料试验模块以及沥青红外光谱识别，即建立沥青的红外标准图谱，通过谱图对比快速确定进场沥青的品牌、型号、批次及产地，以及沥青添加剂（如 SBS、SBR）的种类和掺量，判断是否掺假物质、老化程度等。各类试验室试验数据需智能化监测，数据自动采集、上传、存储及分析处理。试验管理建设方案如图 4-9 所示。

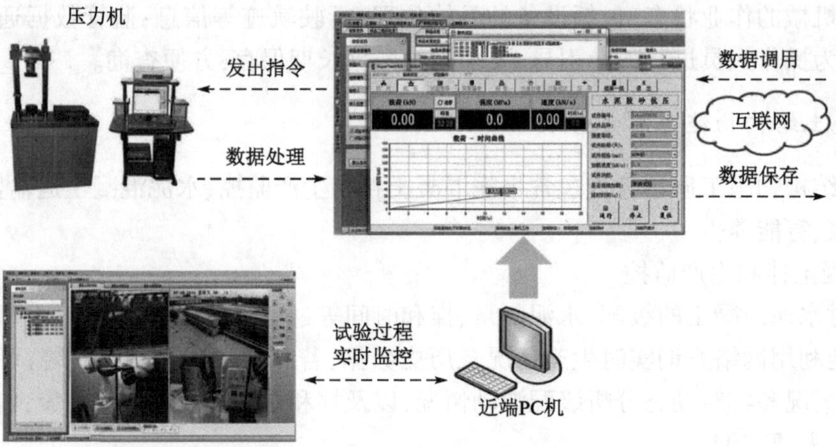

图 4-9　试验管理建设方案

4.7 安全管理功能建设

4.7.1 建设内容

安全管理系统以工程项目安全质量控制为主线，涵盖工程项目管理各方面；安全管理者可以随时随地了解现场安全情况，调阅安全管理文件资料，督促指导安全工作开展；安全管理者通过信息化系统可高效、便捷地开展安全日常巡检工作；系统基于 PC、智能平板、手机等硬件设备，通过手机 App 对安全隐患实现“实时提报”“督办整改”“确认闭合”的便捷处置，该模块包括的主要内容有视频监控管理、安全隐患排查系统、安全教育、风险管控、人员安全监管。安全管理建设方案如图 4-10 所示。

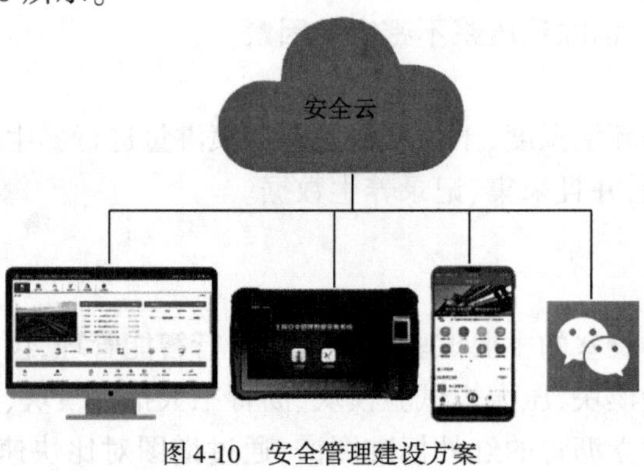

图 4-10　安全管理建设方案

4.7.2 功能要求

1）视频监控管理

通过视频监控技术，对三场、项目部的安全、重大或隐蔽性施工作业进行全程自动化监控，安全管理者可及时掌握现场作业动态,监控工程安全及作业风险。

2)安全隐患排查系统

安全隐患排查系统包括日常巡查、专项检查、综合检查、考核评价、巡查 GIS 地图和罚款与审批。通过日常巡查,用户可以查看安全管理者日常巡查记录,可以打印巡查问题的整改通知单和整改回复单;通过巡查 GIS 地图,用户可以查看巡查人员(安全管理者)的日常巡查轨迹。

3)安全教育

安全教育是通过在线培训教育和班组安全教育完成安全培训、先进技术培训、生产培训、质量培训、法律法规及标准规范培训等内容。

(1)在线培训教育

采用在线培训教育的方式,利用"多媒体培训教育工具箱",生动活泼,图文并茂,可播放案例视频,以无线答题器进行答题考试。多媒体培训教育工具箱方便携带,可接入互联网,自动建立员工培训档案,能进行答题考试、自动评分。

(2)班组安全教育

基于系统中完善的人员信息,在安全教育培训、安全技术交底中,采用指纹/签名签到,实时上传活动照片的方式,确保培训、交底的真实性。

4)风险管控

现场进行重大危险源识别,将危险源信息在系统中进行集中注册管理,通过 GIS 地图可显示危险源位置,并将危险源的危险级别、历史检查次数、历史问题数量等信息更直观地展现在 GIS 地图中。

5)人员安全监管

为了及时掌握特种工作人员的位置,并保障其安全,采用安全定位手环,对特种工作人员进行安全定位,并在 GIS 地图中实时显示特种工作人员的位置;当特种工作人员进入现场标记危险区域,系统发生预警提示;当特种工作人员发生险情通过触碰手环上的一键呼救功能,开启预警机制,做到第一时间联动救急。

4.8 环境管理功能建设

4.8.1 建设内容

利用互联网技术将智能环境监测设备组网建设,对三场、拌和站、项目部的环境进行实时监测,监测内容包括 $PM_{2.5}$、PM_{10} 监测、环境温度、空气湿度、风速风向、噪声及有毒有害气体等。环境管理建设方案如图 4-11 所示。

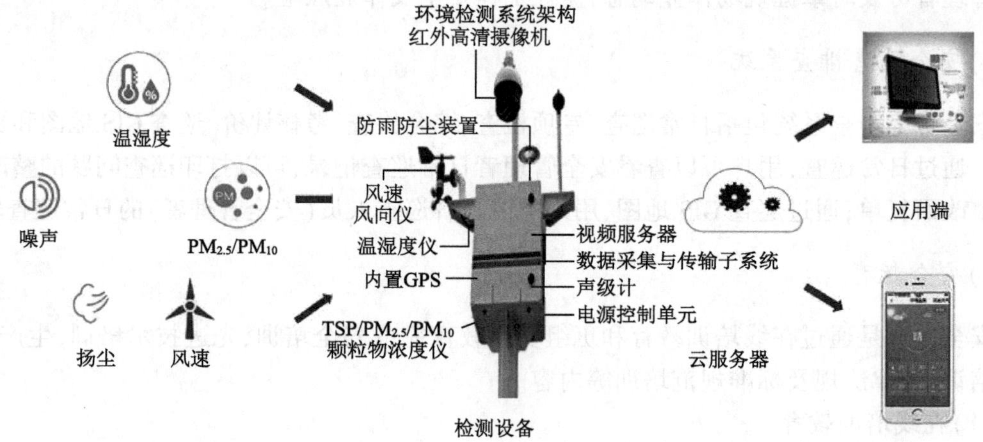

图 4-11 环境管理建设方案

4.8.2 功能要求

智能环境监测系统由在线监测系统、数据显示分析系统、预警控制系统、喷淋系统、无线传输系统、后台数据处理系统及信息监控管理平台组成。在线监测系统集成大气 $PM_{2.5}$、PM_{10} 监测、环境温度、空气湿度、风速风向、噪声监测及有毒有害气体监测等多种功能；数据平台是基于互联网架构的网络化平台，具有对监测站的监控功能及对数据的报警处理、记录、查询、统计、报表输出等多种功能。此外，该系统还可与各种污染治理装置，如喷水系统、围墙喷淋等联动，以达到自动控制的目的。

4.9 BIM 管理功能建设

4.9.1 建设内容

BIM 管理功能以 BIM 引擎为载体，采用 BIM + GIS 的建设思路，以规划 BIM、设计 BIM、施工场地 BIM 为基础，对施工现场的"人、机、料、法、环"各要素进行统一调配和管理，将项目管理、人员管理、设备管理、物料管理、质量管理、安全管理、生态环保等七个模块进行可视化、智慧化的建设，实现在建工程人员、材料、安全、试验检测、工艺监控、施工监测、检验评定等环节管理控制信息化、快速化、一体化，解决工程建设中数据真实性、信息分散、问题难追溯、隐蔽工程监管难等管理短板。

4.9.2 功能要求

(1)项目 BIM 管理将 BIM 与工序管理相关联，实时展示工程的施工进度，了解实际施工与进度计划的偏差，合理纠偏并调整进度计划。

(2)人员 BIM 管理可在 BIM 中设置电子围栏，获取施工人员的实时位置信息，生成人员分布密度图,提高人员管理的效率。

(3)设备 BIM 管理可通过 BIM 对施工现场的机械进行统一管理,在 BIM 中实时展示机械的位置、工作时间,无须人员现场监管,就可以了解设备的运行状况。

(4)物料 BIM 管理将料场的物料入库、物料检测、物料领用和 BIM 构件相关联,实时核查实际用量与设计用量的误差,核算物资成本,从源头上保障构件的施工质量。

(5)质量 BIM 管理将路基、路面、桥梁施工过程中实时采集的关键参数与 BIM 模型对接,以可视化的构件模型为载体,对施工质量进行分析、预警、评价,形成全过程的质量追溯链。

(6)安全 BIM 管理是将工程重大风险源的位置、状态、视频等信息在 BIM 中实时展示,通过手机 App,实时在 BIM 上定位现场安全问题的位置,自动生成安全问题整改状态。

(7)生态环保 BIM 管理是在 BIM 中实时展示施工区域环境信息、自动喷淋降尘等处置设施的工作状况,保证施工区域的环境质量。

第5章 智慧工地技术与装备

5.1 质量管理类

5.1.1 混凝土生产质量管控技术

混凝土生产数字化管理系统,以工程数字化平台为指导框架,整合以往大型混凝土拌和系统信息技术、智能技术应用所得的经验参数和现代物联网技术,建造运行服务器,配置手持终端和车载终端。

在施工中,技术人员依据施工图要求,将混凝土标号、设计要求、使用部位及浇注工艺上传至系统,现场施工及质量控制人员根据信息组织备料,现场质控人员手持终端(PDA),其主要流程:①材料自检后发出验收申请→②混凝土浇筑计划上传至试验室,试验室根据计划要求及材料检验结果在 PDA 选择计算配合比并上传→③监理现场查验配合比后允许生产(PDA)→④施工单位现场生产调度人员利用 PDA 调度混凝土的拌和楼和混凝土运输车车号→⑤混凝土生产信息自动上传至拌和楼并分发给混凝土运输车车载终端→⑥拌和楼配置车辆识别系统,运输车到达后自动识别上传信息至拌和楼。拌和楼生产的相关信息实时上传至调度系统工控机(服务器)储存。

通过运用 NB-LOT(窄带物联网)、DSRC(专用短程通信)、大数据、工业控制等技术,以远程生产指挥中心为基础,整合拌和站无人值守地磅、远程生产双机双控、粉料仓余料监测、混凝土罐车物联网、生产尾料处理五大场景,在保证绿色环保的基础上,实现对混凝土在生产过程、原材料收料、混凝土运输途径及尾料处理等环节的质量监控。

通过混凝土生产全环节的智能管控和质量追溯,提升混凝土生产工效、混凝土品质和提升混凝土生产、混凝土浇筑的协同效率,实现拌和站集中操控少人化、业务流程自动化、车辆物联智能化、质量卡控标准化,并集成地磅管理系统和视频监控系统,实现自动收料和物料消耗统计,为主体工程施工提供质量保障。

5.1.2 水稳基层施工质量管控技术

路面基层水稳混合料拌和楼的生产质量动态管控方面,对于粗放式的水稳混合料拌和楼生产方式，主要是采用合理的技术手段，安装速度传感器以及流量传感器，对水稳拌和站进行软件安装及硬件改造，使系统可自动采集规定时间间隔的生产数据，获取海量的生产数据，为水泥稳定碎石混合料质量管控系统分析提供依据；管控系统通过对比关键参数理论值与实时采集到的生产值，自动分析判断此时间段内超标数值并实时预警，从而对水稳拌和站生产情况起到实时监控和指导修正的作用。水稳基层施工质量管控系统结构如图5-1所示。

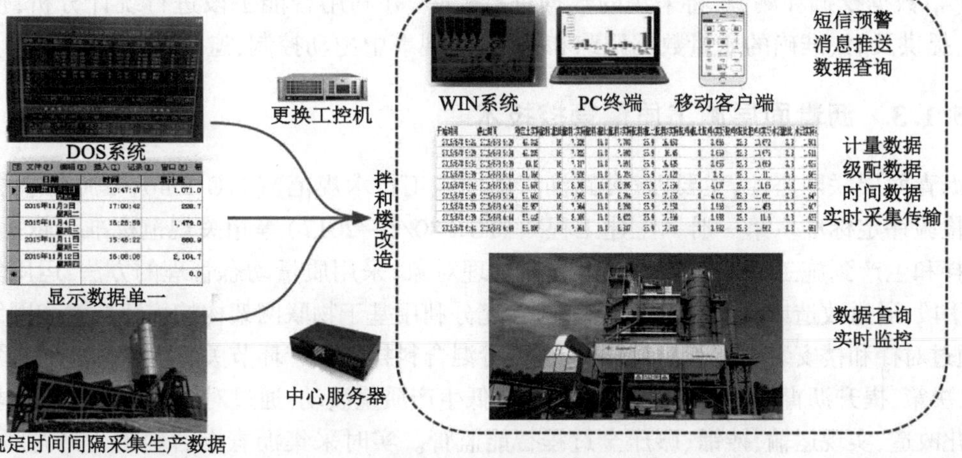

图5-1 水稳基层施工质量管控系统结构

加装水稳混合料动态管控所用生产速度传感器及流量传感系统主要作用：速度传感器，主要用于测量各料仓皮带轮转速，将数据发送到平台控制分析，提高拌和站集料用量控制精度；流量传感系统，主要用于测量加水装置流量，将数据发送到平台控制分析，提高拌和站加水量控制精度。

1）主要功能

（1）生产管理。对拌和楼的水泥稳定碎石混合料生产进行实时监控，采集关键参数，包括各仓用量、级配、水泥剂量、用水量等，分三级预警，在出现预警时通过短信或微信形式推送至相关人员。

（2）运输管理。对运输车辆接料开始与结束时间进行监测、监测运输轨迹、每辆运输车辆的水稳混合料波动情况、运输摊铺桩号等数据进行采集，为后期运营养护提供数据追溯。

（3）施工管理。对每台施工机械进行定位，可根据GIS地图实时查看设备工作地点、工作状态及工作里程、行车轨迹、施工、速度、碾压遍数等数据进行实时上传。

（4）预警管理。施工现场所采集的数据实时上传至管控平台，并与设定的初、中、高级分类统计阈值进行比对分析，对超出范围进行预警及以现场蜂鸣预警的形式提醒相关操作人员，便于及时纠偏和调整作业状态。

（5）日报。对采集数据进行分析，自动形成日报、周报、旬报、月报，并可导出。

（6）手机App。软件版本支持市场主流的android（安卓）和ios（苹果）两大手机操作系统，通过开发手机App，可以提高管控系统使用的便利性，进一步提升管控系统的用户体验。

2）应用成效

（1）管理方式的转变，变被动“监督”为主动“监控”，将公路施工质量管理从事后把关转向事前控制，实现预防为主。

(2)提升工作效率和效果，有效遏制检测频率不足、偷懒不检测、数据造假、操作不规范等行为。

(3)促进设备改造升级，规范工艺，提升施工工艺水平。以物联网系统建设为契机，解决了施工单位生产设备精度不足、缺失传感器等问题。

(4)数据挖掘和溯源，将采集的数据进行汇总，并利用智能手段进行统计分析，便于成本控制，提供及时、准确的质量数据跟踪和分析，实现事中主动控制，避免事后被动控制。

5.1.3 沥青面层施工质量管控技术

沥青面层联网监控，主要以《公路沥青路面施工技术规范》(JTG F 40—2004)、《公路工程质量检验评定标准 第一册 土建工程》(JTG F80/1—2017)等相关规范标准为依据，以混合料从拌和生产到施工现场管理的全过程为管理对象，采用质量动态管理的方法，运用软硬件结合的手段，通过改造或利用现有的各类设备，充分利用基于物联网架构的传感技术和网络传输技术，通过对拌和楼安装智能管控终端，实现沥青混合料拌和生产环节关键参数的实时采集、分析、预警、决策，提升沥青混合料生产管理水平，降低生产质量波动；通过对沥青路面施工前场设备的信息化改造，实现运输、摊铺、碾压全过程智能监管。实时采集沥青混合料的生产过程、施工过程等数据信息，并采用无线网络传输，通过通信模块及时上报到服务器，动态、真实地反映工程质量状况，有效防范假数据、假资料等弄虚作假行为，实现各方对工程质量的动态管理与控制。

另外，监控系统提供分析预警机制，根据采集值与阈值的偏差程度，自动判定预警的级别(包括初级预警、中级预警和高级预警)；预警指标数值在信息化系统平台以红色字体标注显示，同时短信预警通知对应的参建管理人员，并且在预警指标和预警短信内容中，发送建议预警解决方案，便于参建管理人员根据建议及时查找预警原因，避免重复预警的发生，确保工程施工质量。沥青面层质量管控平台 V3.0 架构如图 5-2 所示。

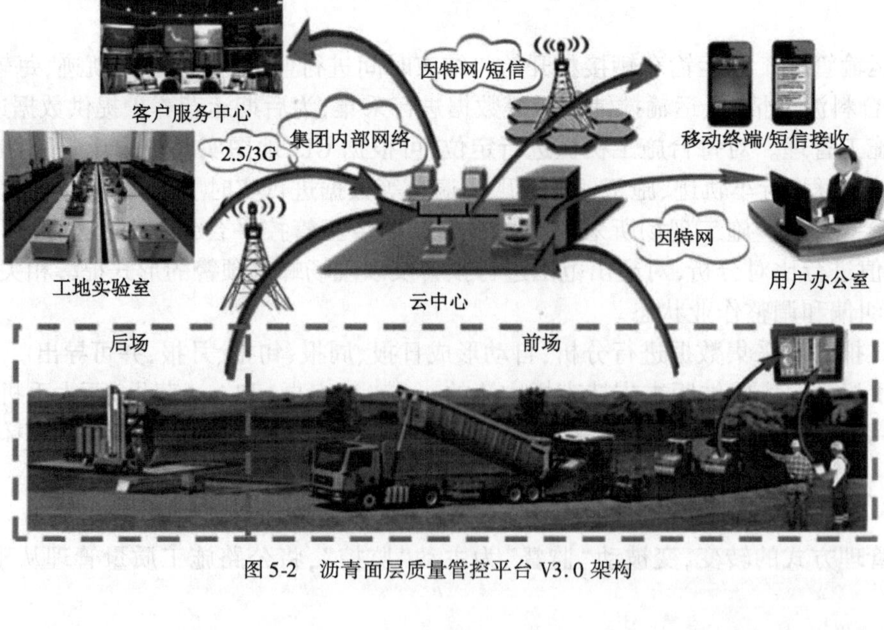

图 5-2 沥青面层质量管控平台 V3.0 架构

沥青面层质量管控平台的主要功能如下：

(1)沥青混合料生产管理。对拌和楼的沥青混合料生产进行实时监控，采集关键参数(包括油石比、各材料用量、级配、集料温度、沥青温度、出料温度等)，分三级预警，在出现预警时通过短信或微信形式推送至相关人员。

(2)沥青混合料运输管理。对运输车辆接料开始时间与结束时间进行监测，监测运输轨迹、每辆运输车辆的沥青混合料波动情况，对运输摊铺桩号等数据进行采集，为后期运营养护提供数据追溯。

(3)沥青路面施工管理。对每台施工机械进行定位，可根据 GIS 地图实时查看设备工作地点、工作状态及工作里程、行车轨迹、施工温度、速度、碾压遍数等数据并且进行实时上传。

(4)预警管理。将施工现场所采集的数据实时上传至管控平台，并且与设定的初、中、高级分类统计阈值进行比对分析，对超出范围进行预警及以现场蜂鸣预警的形式提醒相关操作人员，便于及时纠偏和调整作业状态。

(5)日报。对采集数据进行分析，自动形成日报、周报、旬报、月报，并可导出。

(6)手机 App。软件版本支持市场主流的 android(安卓)和 ios(苹果)两大手机操作系统，通过开发手机 App 可以提高管控系统使用的便利性，进一步提升管控系统的用户体验。

5.1.4　预应力智能张拉技术

预应力智能张拉技术是指采用计算机、通信、控制、液压等现代技术对预应力整个张拉过程进行控制，不受人为因素干扰，全过程按规范要求自动完成的预应力张拉工艺。

为了从根本上预防有效预应力在实际张拉工序时偏差过大而形成工程隐患，提出采用预应力智能张拉系统替代传统预应力张拉方式。预应力智能张拉系统以应力为控制指标，以伸长量误差为校对指标。系统通过传感技术采集每台张拉设备(千斤顶)的工作压力和钢绞线的伸长量(含回缩量)等数据，并实时将数据传输给系统主机进行分析和判断，同时张拉设备(泵站)接收系统指令，实现张拉力及加载速度的实时精确控制。系统可根据预设的程序，由主机发出指令，同步控制每台设备的每一个机械动作，自动完成整个张拉过程。智能张拉系统结构示意图如图 5-3 所示。

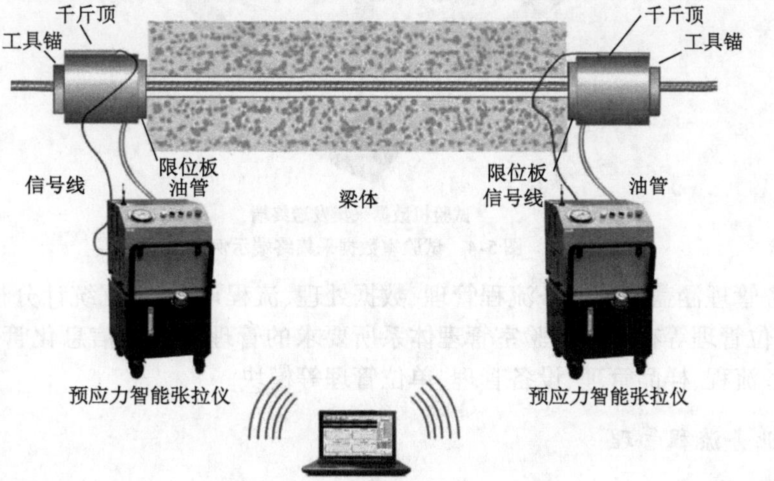

图 5-3　智能张拉系统结构示意图

设备配置远程监测云平台,通过在张拉、压浆设备的前端安装数据采集硬件,对预应力智能张拉设备及智能压浆设备的施加应力、伸长量、注浆数量、保压时间等数据实时采集,通过网络实时上传数据到服务器进行分析和处理,实现张拉过程及压浆过程的全过程监控,一旦发生偏差,系统以短信报警的方式及时通知技术管理者,确保张拉及压浆过程规范可控。同时,各级管理者可以通过管控平台对各标段各智能张拉、压浆设备的张拉数据(包括每个油表压力、张拉力、伸长量变化等)、压浆数据(包括每次压浆的时间、进浆量、保压时间等)进行实时监控,并可对历史数据、超标数据等进行查询。

5.1.5 试验室数据在线检测技术

通过智慧试验室智能试验检测系统,实现对公路水运工程试验室检测业务,采用试验委托—样品采集—试验检测—报告出具的全流程电子化管理,更加充分有效地利用“人、机、料、法、环”等试验室检测资源,同时将工作流、信息流和实物流进行有机整合,实现试验室检测业务流程的数字化和日常管理工作的信息化管理。系统平台的管理对象包括送检样品、检测项目、方法标准、检测数据、出具报告、仪器设备、费用成本、质量文件等。

根据公路水运工程建设的特点,对实体工程及原材料检测参数中质量控制环节的关键参数试验检测所使用设备进行智能改造实现自动获取试验检测参数。试验室数据采集终端示例如图5-4所示。

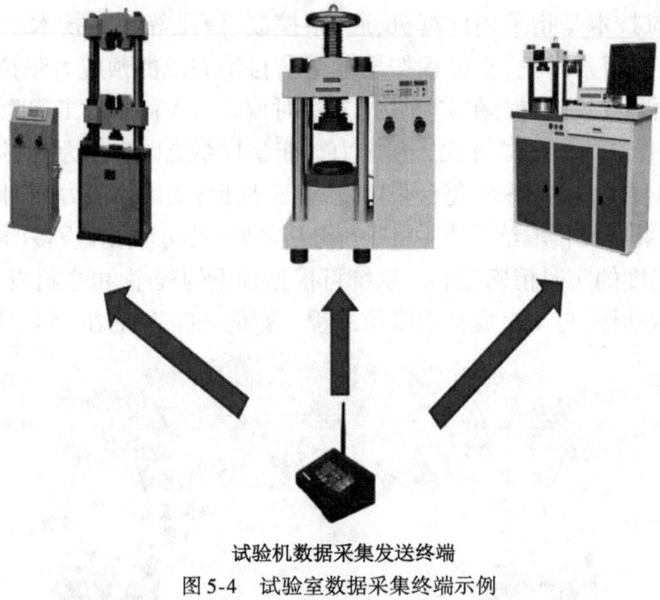

图5-4　试验室数据采集终端示例

检测业务管理涵盖检测业务流程管理、数据处理、流程审批、数据统计分析以及人员管理、设备管理、单位管理等在内的试验室管理体系所要求的管理要素的信息化管理。本项目系统包含检测业务流程、样品管理、设备管理、单位管理等模块。

1)检测业务流程管理

检测业务流程管理是从委托收样直至报告打印发放的所有环节都实现信息化管理。检测业务流程管理模块主要包括委托收样、检测收费、任务分配、试验检测、参与人确认与复核、审核、批准、报告打印和发放。

2)样品管理

基于系统内的样品管理模块,实现样品的二维码管理、数字身份识别管理、样品从收样登记到样品废弃全流程的快速识别登记管理、收检分离的管理需求等功能。样品管理模块主要包括待检样品管理、在检样品管理、已留样品管理、已分包样品管理、样品流转管理等。

3)设备管理

基于系统内的设备管理模块,实现设备的全生命周期管理,能自动根据岗位职责控制查看、修改、审批权限;具有设备基本信息管理、设备二维码管理、设备检校、超期提醒、确认管理、设备采购、验收管理、期间核查、维修保养管理、调拨、外借管理、报废管理。

4)单位管理

单位管理模块是系统对于用户机构内部的人员、资质证书、规程管理、分包管理、信用评价、申诉、投诉、建议的辅助管理功能模块。

5)其他

用户可以根据自身的管理需求或提高对外形象,进行系统升级、外设的扩展应用,如标签打印、扫描识别、微信公众号集成、触摸屏自助查询、大厅显示等功能。

5.1.6　沥青红外光谱检测技术

红外光谱快速检测技术是将一束具有连续波长的红外光通过物质,当物质分子中某个基团的振动频率或转动频率和红外光的频率一样时,分子就吸收能量,由原来的基态振(转)动能级跃迁到能量较高的振(转)动能级,分子吸收红外辐射后发生振(动)能级的跃迁,该处波长的光就被物质吸收。红外光谱法实质上是一种根据分子内部原子间的相对振动和分子转动等信息来确定物质分子结构与鉴别化合物的分析方法。红外光谱仪及其检测系统界面分别如图5-5、图5-6所示。

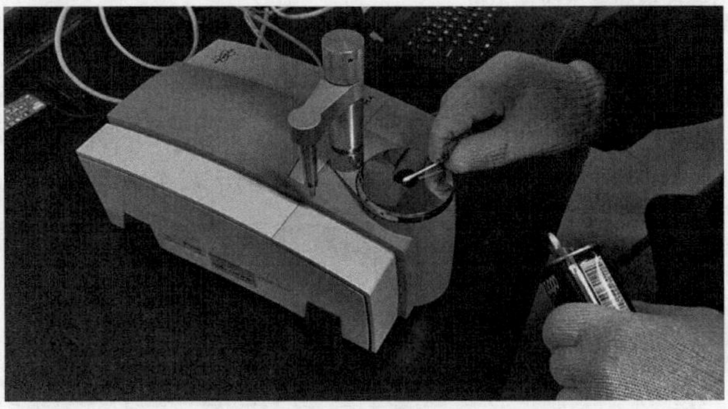

图5-5　红外光谱仪

图 5-6　红外光谱仪检测系统界面

本技术在镇丹高速、海启高速、申嘉湖高速等进行了应用，以应用最新的红外光谱技术为基础，综合了多年实验和实际运用中收集的样本数据，通过云平台的数据实时性从一个全新的角度去进行石油沥青的检测，不但可以做到2min内给出检测结果，而且结果准确，通过与云平台的样本光谱数据进行后台对比分析，智能地识别沥青的品牌、型号、批次和产地等身份信息；同时，可以定性定量沥青中关键组成物质，定性定量分析改性沥青中的添加剂（如SBS、SBR等）以及常见掺假物质，以及定性沥青的老化程度；采用分波段比对算法，提升了检测的区分度。

5.1.7　软基施工监测技术

对接施工单位的水泥搅拌桩监控系统，可以采集桩基点位定位、钻桩深度、钻桩速度、内钻杆电流、外钻杆电流、倾斜度、水泥浆流量、材料用料等参数，分析水泥搅拌桩施工过程的实时数据，评价软基施工质量指数。软基施工监测系统如图5-7所示。

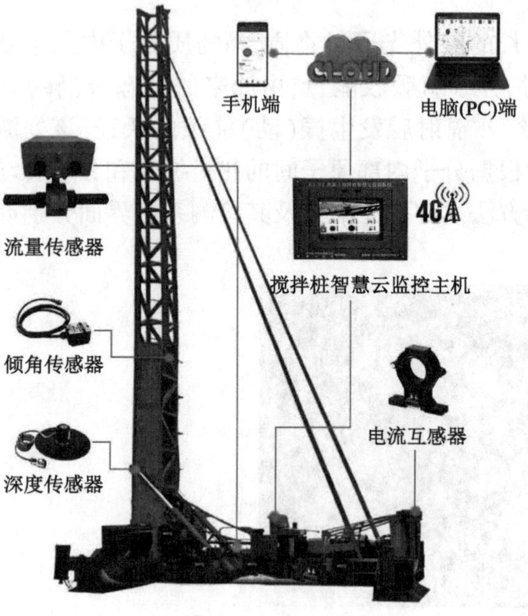

图 5-7　软基施工监测系统

软基施工监测系统技术指标包括如下4方面：

（1）采集参数：桩基点位定位、钻桩深度、钻桩速度、内钻杆电流、外钻杆电流、倾斜度、水泥浆流量、材料用料等。

（2）数据实时采集自动上传平台。

（3）对不合格成桩数据实时自动短信预警，预警处置有效保证施工质量。

（4）数据全过程记录；支持施工过程中数据回放，便于追溯。

软基施工监测技术实现了桩基施工的材料控制、过程可视化以及施工质量监督。目前，该技术被广泛应用于软基施工监测，以实现软基施工质量控制信息化。

5.1.8　预制构件三维激光扫描系统

利用三维激光扫描仪，可以实现对预制构件、模板的三维扫描，进行几何尺寸标准化检测，快速识别预制构件的尺寸、预制模板的变形情况，精准测量构件与模板的几何尺寸，并自动生成施工用表，实现测量数据的统计、分析、查询、汇总等功能。

该技术可快速识别预制构件的标准化尺寸、预制模板的变形情况，实现构件与模板的几何尺寸的精准测量控制；快速复建出被测目标的三维模型及线、面、体等各种图件数据；快速测得物体的轮廓集合数据，并加以建构、编辑、修改，生成通用输出格式的曲面数字化模型。预制构件三维激光扫描系统如图 5-8 所示。

图 5-8　预制构件三维激光扫描系统

5.1.9　钢筋加工智能监测终端

通过在钢筋厂内数控弯箍机、弯曲中心、剪切线等各类自动化加工设备上安装智能控制器，实现钢筋智能管理系统对数控设备的自动控制。将系统内生成的构件加工信息传输至数控加设备内，设备可按照系统指定的生产要求自动化进行相应构件的加工，实时监控加工现场的生产管理数据，提升内部管理效率，提高原材使用率，保障项目施工进度。钢筋加工智能监测终端组成如图 5-9 所示。

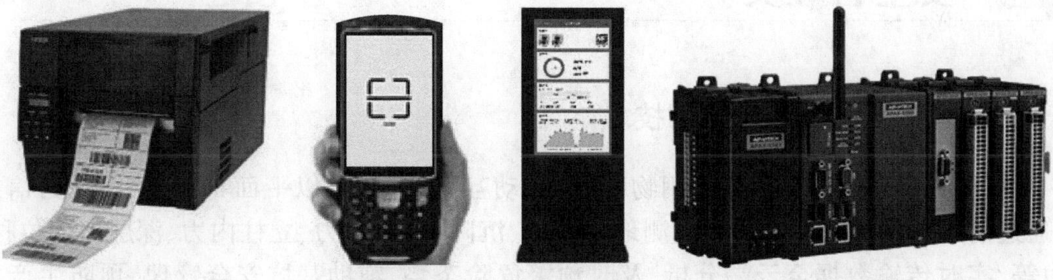

a)料牌打印机　b)智能扫描枪　c)数字化生产监控终端　d)控制器

图 5-9　钢筋加工智能监测终端组成

该技术通过智能控制器，完成平台与数控加工设备的直接通信；借助料盘打印机、智能扫描枪等辅助设备，实现质量过程控制及可追溯性。

5.1.10　智能打桩导航系统

智能打桩导航技术使用中国 BDS 技术定位，使用载波相位差分技术（RTK）来提高精度，具备独立定位、差分和 RTK 解算能力，对成桩后由于软土地质条件不稳定导致的桩体偏移进行实时监测。基于BDS在高点安装基准站,基准站由北斗接收机、AT300天线、天线保护罩、北斗避雷器、数据采集控制器、供电系统等设备构成。在灌注桩成桩后的桩顶安装监测站,监测站由观测墩、接收天线、太阳能电池板、电源保护箱、预放电式避雷针等设备构成。智能打桩导航系统示意图如图5-10所示。

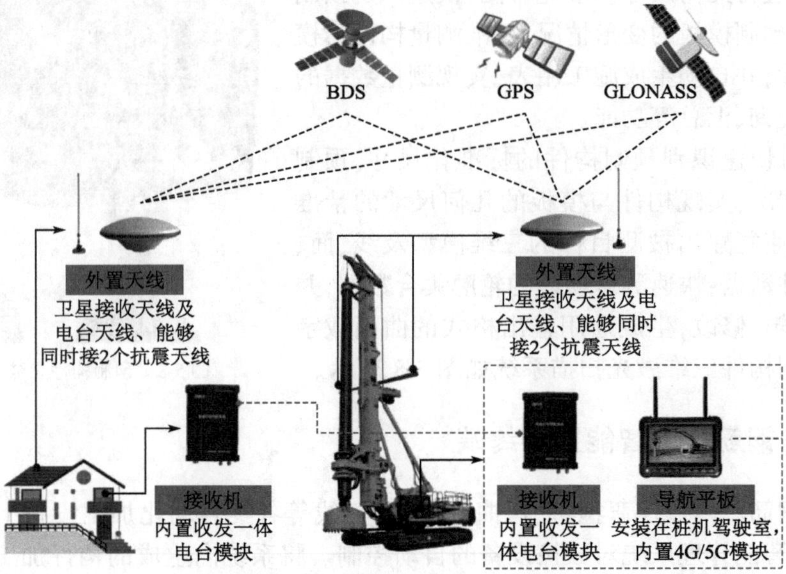

图5-10 智能打桩导航系统示意图

5.2 安全管理类

5.2.1 深基坑数字化监测技术

深基坑数字化监测技术是运用物联网、移动互联网技术,以平面布置图、BIM为信息载体,通过前端传感器全天候实时监测地下水位、沉降、支撑轴力、立柱内力、深层土体位移、土压力等,实时传输数据至云端分析,及时预警危险态势,辅助基坑安全管理,预防生产安全事故。

该技术可全天候实时监测基坑变化,减少了人工测量的误差,同时对监测情况实时预警,工作人员会根据报警情况,及时采取措施处理,从而将重大危险隐患消除在萌芽状态。

该技术可以24h不间断监测,保障了数据的连续性、及时性,有利于及早排查基坑安全隐患。该技术通过监测点历史分析、动态展示数据变化轨迹、异常告警提醒,可以预防事故发生;通过远程数据无线传输,手机端在线可查,可以减少人力检查成本,实时了解现场情况。深基坑数字化监测技术应用示例如图5-11所示。

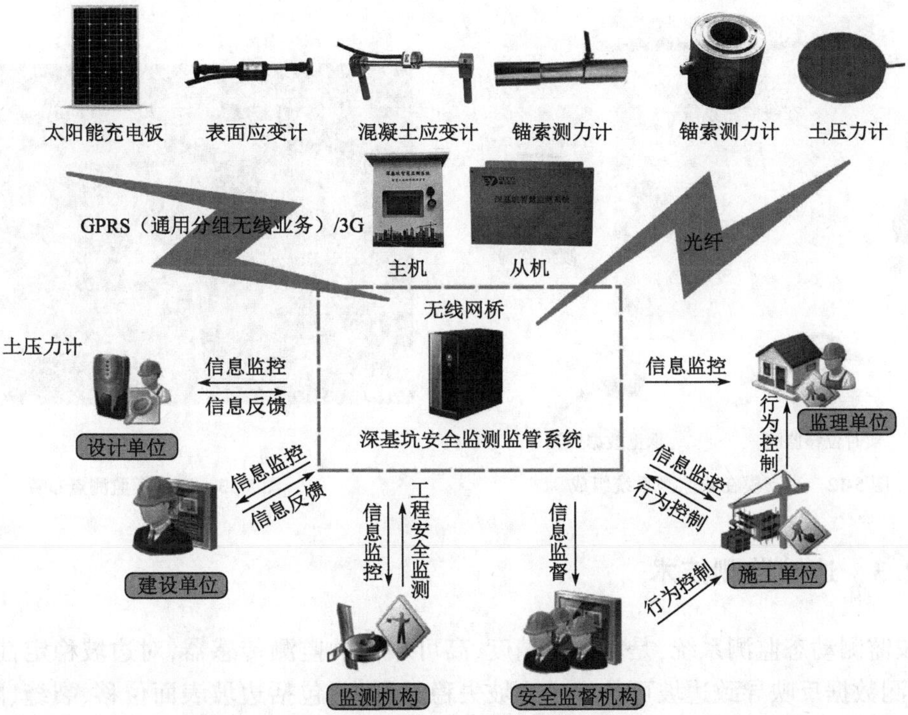

图 5-11　深基坑数字化监测技术应用示例

5.2.2　高支模监测技术

高支模监测技术是通过在高支模上加装无线倾角、无线位移、无线压力等传感器，对高大模板支撑系统的模板沉降、支架变形和立杆轴力进行实时监测，监测数据自动汇总至主机，实现现场声光报警，同时数据上传至后端平台，报警信息通知到人。

对高支模关键部位或薄弱部位的模板沉降、立杆轴力和杆件倾角、支架整体水平位移等参数进行实时监测，主要有以下几点：

(1)能反映高支模体系整体水平位移的部位。

(2)跨度较大或截面尺寸较大的现浇梁跨中等荷载较大、模板沉降较大的部位。

(3)跨度较大的现浇混凝土板中部等荷载较大、模板沉降较大的部位。

(4)测点布置在跨度梁，当跨度不大于 9m 时应至少在 1/2 跨位置布置测点，当跨度大于 9m 时应在 1/4、1/2、3/4 跨位置布置测点。

(5)每个监测面应布置 1 个支撑沉降、1 个立杆轴力、1 个倾角传感器。

通过在高支模上加装无线倾角、无线位移、无线压力等传感器，自动采集、实时监测高支模支撑系统的变化情况，当监测到在混凝土浇筑过程中发生高支模的变形、受力状态异常时，一方面现场声光报警，提醒作业人员紧急补救或紧急疏散，另一方面系统向平台和相关负责人发出报警信号，有利于相关负责人第一时间掌握现场情况，及时进行整改、调整以及预判，预防事故的发生。高支模在线监测系统组成及高支模监测点布置示例分别如图 5-12、图 5-13 所示。

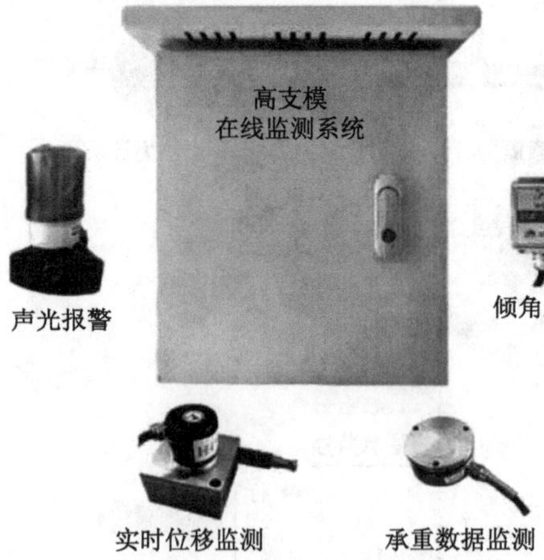

图 5-12　高支模在线监测系统组成

图 5-13　高支模监测点布置

5.2.3　边坡监测技术

边坡监测动态监测系统，是利用高精度、高可靠性的监测传感器，对边坡稳定性进行有效监控，监测数据反映导致边坡可能发生边坡失稳的因素，包括边坡表面位移、裂缝、降雨量等，确定监测预警阈值，并设计、规范提出的控制值（如变形量、变化速率），将监测数据结合宏观变形破坏迹象进行综合判断，以确定边坡结构的安全性，监测支护结构的承载能力、运营状态和耐久性能等，以满足安全运营的要求。同时，根据监测对象、监测目的，以需求和经济性为原则，避免浪费。

以维护施工期间边坡安全为目标，通过自动化监测设备实现日常数据监测分析、预警或突发事件即时响应、创新技术验证保障等手段，及时获取边坡施工变形过程信息，形成集监测、分析、响应于一体的边坡安全保障机制，提升施工安全控制水平。

该技术的主要功能包括安全监测驾驶舱、监测设备管理、安全监测、预警报警、基础配置等。该技术实施实现了远程自动化监测，针对主要检测项的预警报警，推送消息及时跟踪处理。边坡远程自动化监测现场安装示意图如图 5-14 所示。

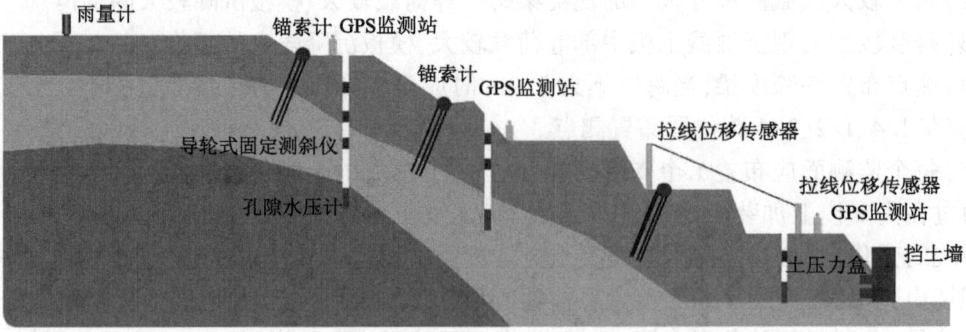

图 5-14　边坡远程自动化监测现场安装示意图

5.2.4 人员定位监测技术

系统通过定位基站感应到人员定位卡,通过定位基站上传到监控中心服务器,然后经过软件分析处理后,系统采用地图的形式实时显示区域内人员所处的位置情况,对区域内人员分布情况做到实时掌握,对施工人员进行实时位置跟踪管理,了解施工人员在区域内的位置轨迹。系统可实现地图实时位置显示、快速人员检索、报表管理、人员定位统计、历史数据回放、可设置危险区域和禁止区域报警等功能。对人员实时监督管理(可实时查看人员位置、人员数量、人员信息、人员运动轨迹、人员遇突发事件求助、进入危险区域告警信息等)。

该技术多应用于隧道施工中,通过采用国内最高精度的 UWB(无线载波通信技术)定位系统,对隧道全线进行覆盖,实际精度可达 50cm,确保人员一进洞,就能了解精确位置及轨迹,系统支持 SOS 双向报警,在紧急情况下,只要隧道内通信未完全中断,就能触发双向报警。UWB 定位安装示意图如图 5-15 所示。

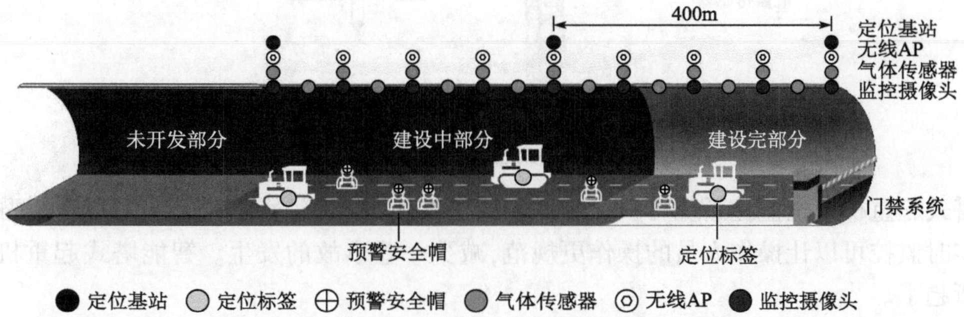

图 5-15 UWB 定位安装示意图

人员定位监测技术为调配相关人员及时解决突发情况提供依据,减轻工作人员管理的工作量,减少人力成本投入,提高工作效率;推动对人员的管理工作向制度化、规范化、实时化发展,确保人员安全稳定,为逐步实现"智能化全方位监管"奠定坚实的基础。

5.2.5 塔式起重机安全监控系统

通过高精度传感器,采集塔式起重机的风速、载荷、回转、幅度和高度信息,控制器根据实时采集的信息做出安全报警和规避危险的措施,同时把相关的安全信息发送给服务器,塔式起重机的监管部门可通过客户端查看网络中每个塔式起重机的运行情况。

塔式起重机监测系统是集互联网技术、传感器技术、嵌入式技术、数据采集储存技术、数据库技术等高科技应用技术于一体的综合性新型仪器,可实时采集、记录并上传塔式起重机吊钩高度、小车幅度、大臂方位、吊物重量、塔式起重机倾角、环境风速、防碰塔式起重机位置、塔式起重机驾驶员身份等信息;通过主机处理器进行计算和分析,能够对吊钩冲顶、小车前后位置超限、区域碰撞、超重吊、塔式起重机倾翻、塔式起重机之间碰撞、非法驾驶等安全事故提前做出精准的判断,并提示塔式起重机驾驶员或管理人员,做好预防或采取紧急处理措施,避免事故的发生;通过对现场或网络平台数据的查看和分析,可实现事故原因追溯。塔式起重机监测系统示意图如图 5-16 所示。

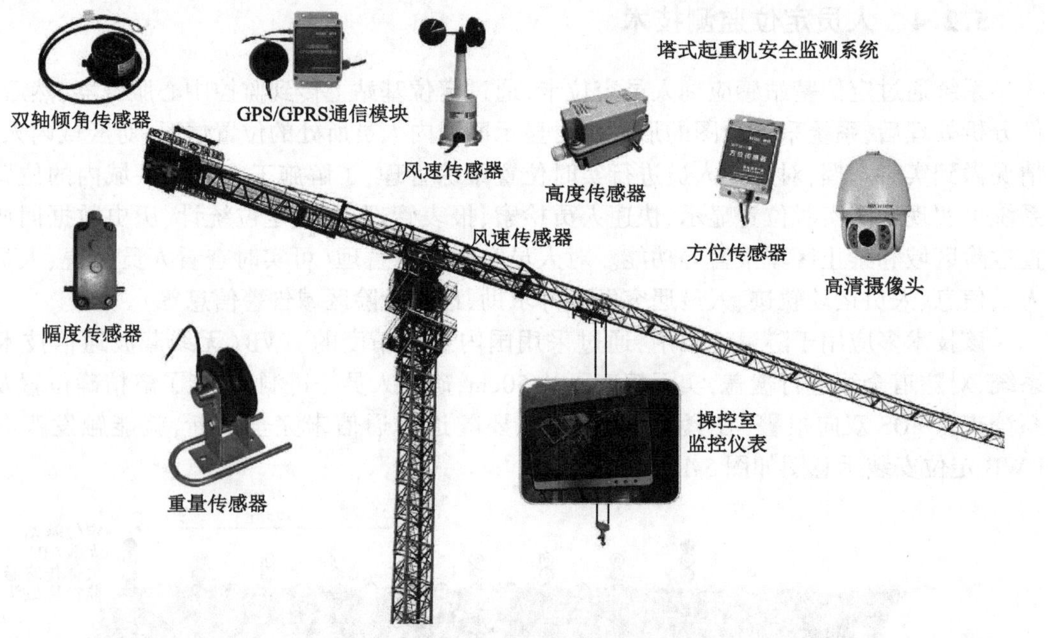

图 5-16　塔式起重机监测系统示意图

塔式起重机安全监控系统可以让操作人员更好地了解操作情况，规避一些不必要的风险，而且实时监控可以让操作人员的操作更规范，减少一些事故的发生。智能塔式起重机已经是大势所趋了。

5.2.6　混凝土温控监测技术

大体积混凝土的特点，除了体积较大外，更主要是由于混凝土的胶凝材料水化热不易散发，在内外约束作用下，极易产生温度裂缝。

温度裂缝产生的最主要原因是混凝土内外的各种约束及温差产生的温度应力大于同一时期混凝土自身的抗拉能力。传统的大体积混凝土温度应力手工估算，工作量大且与现场施工结合性差，需要技术人员具有丰富的工程实践经验。为了节约工程成本，提高工程质量，降低大体积混凝土控温避裂难度，需要建立一套系统的、智能的、实时的大体积混凝土仿真分析温控检测方法。

有限元仿真分析是使用数学近似的方法来模拟真实的物理系统（几何和载荷工况）。通过简单且相互作用的元素（单元），可以使用有限数量的未知数去逼近无限的未知真实的系统。随着有限元仿真分析系统的发展，近年来也运用到了大体积混凝土水化热分析领域。

大体积混凝土浇筑工程应进行施工前的理论计算、仿真分析及施工现场足尺验证监控三者相结合的数字温控检测技术。采用预埋式应变计对混凝土的整个施工养护过程进行实时监控，对混凝土内部的温度、应变进行实时监控及数据采集，将数据上传云端统合分析，将现场数据及时反馈技术人员，对混凝土温度进行实时的调节控制，对仿真分析结果进行验证和不断优化，使之更符合实际工程情况。

以大体积混凝土定时测温记录仪和云服务（TG 版）系统为例。本系统由 TR-TF-USB 版“现场定时自动测温记录仪”、无线数据终端、数据及电源传输线、传感器等组成。

数据采集器可以记录 31 天（每 30min 间隔）的温度数据，每隔 30min 自动测量一次数据并保存到电子硬盘内，以确保数据的安全可靠。

数据采集器将各个温度传感器的温度数据采集，定时记录仪的数据可以同时实时传输到云服务器上，用户通过手机、平板电脑或计算机可以随时随地查看数据和修改参数。

根据实际情况，进行仿真分析正确模拟混凝土的水化热产生的温度应力场，其结果与现场实时监测的结果吻合较好。能在施工前模拟各类施工状况并得出最优施工方案，可以很好地预防因现场施工技术人员的经验不足而产生的混凝土后期产生裂缝，处理裂缝，拖延工期甚至影响工程质量等诸多问题。混凝土温控监控系统示例如图 5-17 所示。

图 5-17 混凝土温控监测系统示例

由于受到施工工艺和进度的影响，温度场的变化是不确定的，但温升大致趋势具有一定的规律。现场监控得到的数据表最符合实际温度变化情况。现场数据对大体积混凝土温度应力场和裂缝的分析，起到修正、验证的作用。现场数据的实时反馈，可以使技术人员及时采取混凝土养护和防护措施，防止有害裂缝的出现。

该技术主要使用采集器、专用测温传感器、传感线、传感延长线、充电器、无线测温中继模块、中继转接盒等硬件设备。

该技术设备的特点主要包括：

（1）大屏幕液晶显示功能，随时查看温度数据。

（2）单台采集器可测 8 通道温度。

（3）可组合扩展更多采集器。

（4）GSM 网络模块上传数据，无距离限制。

（5）433M 无线传输空旷环境下，传输距离 1000m。

（6）全数字调校，可对零点误差，满度误差进行修正。

（7）在线测量，实时监测，性能稳定可靠。

（8）低功耗设计，自动休眠功能。

(9)传感器可互换,性能稳定,误差小。

(10)时间显示和自动校准。

(11)测温数据自动存储,可随时查询数据。

(12)多种工作模式,可满足不同工况下的测温。

(13)超长待机,充满电可连续工作两个月以上。

(14)集成数据查看、曲线显示等多项功能,如查看温度数据、曲线等。

5.2.7 桥梁船舶避碰预警系统

桥梁船舶避碰预警系统是采用雷达扫描、激光及视频分析技术,融合(AIS)(船舶自动识别系统)/GIS 信息,经大数据分析,准确地对通过桥梁船舶的航行态势进行分析与研判。对船舶与桥梁可能发生碰撞进行主动声光预警,并具备系统平台自动对监管值班人员发出播发预警警示语音,使监管人员即时获取船舶的信息,从视频录像中查看现场情况,对现场船舶进行喊话通知。平台保存的视频可以实施事后违章取证。

船舶超高监测预警是桥梁防碰撞预警系统的重要监测内容。主要监测技术有激光对射式船舶超高监测技术、机器视觉识别测量船舶超高技术、激光雷达扫描监测技术三种。不同类型监测技术示例如图 5-18 ~ 图 5-20 所示。

图 5-18　激光对射式船舶超高监测技术

图 5-19　机器视觉识别测量船舶超高技术

图 5-20　激光雷达扫描监测技术

5.2.8 架桥机安全监控系统

架桥机安全监控系统通过在桥面架桥机机架结构、吊点调整机构、起升系统、锚固系统、走形系统、顶升系统加装相应的监测传感器以及视频监控,实时监控桥面架桥机的运行状态。架桥机安全监控系统如图 5-21 所示。

图 5-21　架桥机安全监控系统

架桥机安全监测系统的功能如下：

(1)架桥机运行状态测试、显示及记录功能，包括有架桥机的天车纵向行程、高度、天车横向行程、重量、风速、水平度、支脚垂直度、整体纵向行程、整体横向行程数据，对门式起重机安全监测系统和架桥机运行过程中的数据可以记录在本地监控仪(大于 45 天)中，也可以存储在远端服务器中，满足架桥机安全事故分析及港机运行效率分析的要求。

(2)架桥机倾斜监控功能，通过测量架桥机的纵向倾斜和立柱的倾斜角来分析架桥机的安全状态，当架桥机的倾斜达到临界状态时予以报警，提醒司机谨慎操作。

(3)架桥机风速监测功能，对架桥机运行过程中的环境风速进行实时监测，提醒司机进行安全操作。

(4)架桥机远程安全监控功能，能够实现对架桥机运行状态的远程实时监控，满足架桥机远程管理的需求。

(5)监控参数及监控状态。

5.2.9　汽车起重机监测系统

针对施工现场危险性较大的汽车起重机设备安装了预警监控系统，实现了对机械设备运转情况的实时监测，在异常状态下进行报警，将无声管理变成了“有声管理”，还可以针对不同的人员提供不同的预警方式，如系统消息、短信提醒等，提高了设备运行的安全可靠性，对设备历史运行记录进行管理。汽车起重机监测系统组成如图 5-22 所示。

汽车起重机监测系统可监测的指标项目包括：

(1)数据上传。

(2)数据显示。
(3)吊重监测。
(4)高度监测。
(5)力臂角度监测。
(6)力臂长度监测。
(7)回转角度监测。
(8)驾驶员管理。

图 5-22 汽车起重机监测系统组成

5.3 施工管理类

5.3.1 智能压实系统

路面压实系统集卫星精确定位、移动互联网、物联网、传感监测、云计算等最新技术于一体,可以实时采集压路机的碾压温度、碾压速度以及碾压遍数,能够及时反馈压实控制情况,能够实时查询压路机的作业状态,包括设备的具体位置、行驶轨迹等信息。路面压实系统架构如图 5-23 所示。

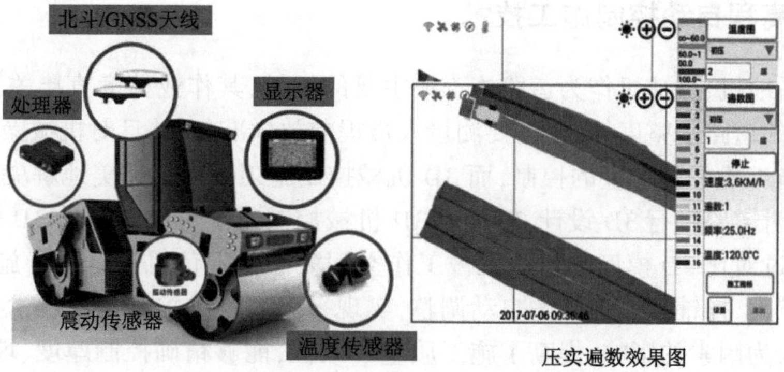

图 5-23　路面压实系统架构

路面压实系统内部集成高性能 GNSS 接收机支持 GPS、BDS、GLONASS 及 GALLEO，通过 RTK 实现厘米级定位精度，同时集成 LTE（高速无线数据传输单元）和高速处理器，以保证数据采集、处理和传输的实时性，结合高精度红外测温传感器，采集压路机准确的位置及碾压信息，并以图形和数值形式显示压实度、碾压遍数、碾压区域、碾压薄弱区域等；内置大容量数据存储功能，并具有防拆功能和自检功能，确保在断电、断网及人为破坏等情况下数据不丢失。支持车载宽压输入，所有压路机均可无损快捷安装。支持以图形化实时显示与记录压实遍数、碾压温度、碾压速度，通过安装在驾驶室内的指示平板引导压路机操作手及时对薄弱区域加强碾压，监理及现场施工管理人员可通过移动终端 App 及时有效地查看施工过程中存在的问题；常规检测时可以针对薄弱区域进行选点，使检测更具有针对性，从而消除质量隐患，提高施工质量。

该技术基于厘米级高精度定位技术；采集反馈压实轨迹、遍数、温度、速度等施工数据；实时导航指挥驾驶员避免了漏压、过压等问题；与现场桩号结合，为后期试验检测提供追溯依据。

5.3.2　无人施工技术

无人施工技术是综合利用高精度 GPS（北斗）定位技术、惯性导航技术、障碍物识别技术，为压路机提供行驶路径引导与控制信号，控制压路机各工作系统动作，完成既定的行驶、转向、工作装置作业等任务。同时，利用 RFID、3G/4G、Wi-Fi、局域组网等技术手段，实现施工数据回传服务平台，利用大数据分析，结合作业业务，提供实时监控、数据展现、远程控制、压实管理、统计报表等功能。

无人施工技术适用于公路路基路面的自动化、智能化、无人化施工，具有广阔的推广应用前景。无人施工技术可减少人员投入，缓解老龄化问题，为新基建提供支持，在技术上实现节能减排、施工作业效率提升、节约劳动力；在工程的全生命周期中，由于采用自动化技术，能有效地加强工程施工过程中的质量控制，促进日常生产和施工的规范性，提高工程质量的监管水平，确保公路工程施工质量，延长工程使用寿命，降低后期运营养护成本，使市场前景广阔。

5.3.3 高程自动控制施工技术

推土机、平地机、摊铺机作为道路施工最主要的机械，其作业精度直接关系到道路的平整度控制。传统的道路平整度控制，需要测量人员提前放样准备，并且对机械操作手的经验要求较高，不利于施工成本和质量的控制，而3D机械控制施工技术能完美地解决这个问题。该技术是在施工前对道路进行3D设计，转化成3D机械控制系统可以读取的3D模型文件。由机械控制系统通过对比3D模型和当前机械工作空间姿态位置信息进行引导施工，做到推土机铲刀、平地机铲刀、摊铺机熨平板的自动调整，实现平整度精准控制。该技术与传统施工技术相比，消除了人为因素的影响，提高了施工质量一致性，能够精确控制厚度、坡度、平整度。该技术相关设备的安装及改造如图5-24～图5-27所示。

图5-24　定位装备安装

图5-25　电磁阀改造

图5-26　机载电脑安装

图5-27　整机外观

3D机械控制推土机、平地机的优点：保证施工质量一致性，可将高程和水平误差控制在±2cm内；提高效率、缩短工期，减少推平次数50%，避免返工；24h不间断施工，可夜间施工；减少60%测量人员，无须等待测量人员放样；即使是没有经验的机手也可以实现精准控制。

3D机械控制摊铺机的优点：无须放桩、无须架设铝梁，大幅减少了施工测量工作，能快速投入到工作状态；减少测量及辅助人员40%左右，使施工现场更加简洁高效，减少潜在的安全隐患；实现毫米精度级别的控制，摊铺精度提高30%左右；实时跟踪摊铺进度，能适应复杂多变的设计表面；无须操作员控制熨平板标高和横坡，工作效率相较传统施工能提升50%左右。

3D机械控制推土机、平地机、摊铺机的施工工艺流程：准备工作→施工机械调研→硬件安装→建立道路施工三维模型→施工效果评估。

5.3.4　基于图像的隧道超欠挖监测技术

基于图像的隧道超欠挖监测技术是一种针对隧道施工超欠挖信息的快速检测方法。通过一种便携式的360度全景图像采集设备获取隧道内部的多张图像及对应的空间位置信息，结合配套软件快速构建高分辨率的实体三维模型。通过实体三维模型与设计模型的比对，实现对各断面超欠挖信息的自动连续计算，根据检测结果可对掘进爆破方案进行及时调整，控制开挖精度，保证施工安全，同时避免欠挖返工影响工程进度和超填混凝土带来的材料浪费。基于图像的隧道超欠挖的计算及结果输出如图5-28所示。

图5-28　基于图像的隧道超欠挖的计算及结果输出

该技术具有如下特点：

(1)检测范围广。可实现对于开挖全断面的超欠挖信息检测，实现从单一断面检测到开挖全断面区域检测的转变。

(2)检测效率高。图像采集、建模、超欠挖结果输出可在30min内完成。

(3)自动化程度高。图像采集完成后，建模、计算超欠挖信息，可由软件自动完成。

操作流程：

(1)现场图像采集，每天开挖3～5m的范围，需要采集40～50张照片。

(2)基于图像的开挖面建模。

(3)设计模型建立,如果有 BIM 可以直接导入。

(4)设计模型与实际模型的断面比对。

(5)超欠挖数据输出。

5.3.5 智能养生技术

为了解决预制梁场通常采用的人工洒水养生方式存在的诸多弊病,控制预制梁养生质量,研发了水泥混凝土预制梁智能养生系统,采用无线传感和自动化控制技术,当采集水泥混凝土构件的温度、湿度数据超出预设阈值时,智能联动养生机器人自动控制养生过程的用水量、喷淋频率、养生时间、养生周期内智能补水。智能养生系统示意图如图 5-29 所示。

图 5-29　智能养生系统示意图

智能养生系统主要由软硬件组成。

硬件端:智能养生系统由高压水泵、钢制轨道、养生机器人、传感器、通信系统组成。养生机器人由喷淋架、喷淋控制器、动力系统、水箱组成。

软件端:主要分为 App 端和 Web 端,App 端通过手机 App 可以远程设定温湿度阈值,实现养生机器人的自动开启,也可以远程手动开启养生机器人。Web 端可以实时查看养生梁体的温湿度变化,记录梁体的养生过程,实现养生质量的追溯。

智能养生系统可以实现全天候、无死角的持续养生,有效节约用水,减少人员投入,提高混凝土早期强度,减少收缩裂缝的开展,有效提升水泥混凝土预制梁养生工作的标准化、精准化、智能化水平。

(1)根据混凝土温湿度以及水热化等参量自动控制喷淋用水量和喷淋频率,实现养生全过程智能化、自动化控制,无须人工参与。

(2)通过表观质量检查,表明智能养生系统采用移动式雾化喷淋,避免了同一位置长时间喷淋,使混凝土表面产生水渍污染,提升梁体的美观。

(3)可提高混凝土早期强度,养生效果优越,避免因水压过高损坏混凝土表面钙质,提高混凝土表面强度。

图 5-30 所示为智能养生系统管理平台示例。

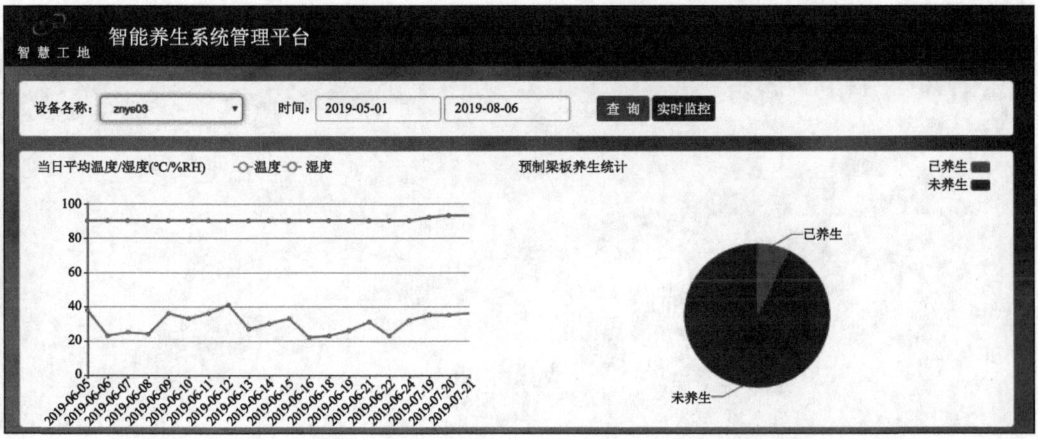

图 5-30　智能养生系统管理平台

5.4　检测监测类

5.4.1　灌注桩智能检测技术

灌注桩智能检测技术针对灌注桩施工过程中的质量控制要点，综合应用物联网数字技术、互联网＋技术、北斗定位技术、云存储技术等，对灌注桩桩体轴向抗压承载力、轴向抗拔承载力、水平承载力等重要指标进行智能检测，对灌注桩施工中测放桩位、成孔检查、泥浆相对密度监测、混凝土浇筑进行智能化管控，实现打桩位置的自动定位与导航、三维成孔检查、泥浆动态监测、混凝土质量溯源等功能；通过预先在主机上设定检测方式和桩体参数，完成自动加卸载、判稳和读数等操作，并将数据实时上传至多端服务器，实现远程智能检测功能。灌注桩智能检测系统主机界面如图 5-31 所示。钻孔灌注桩施工效果如图 5-32 所示。

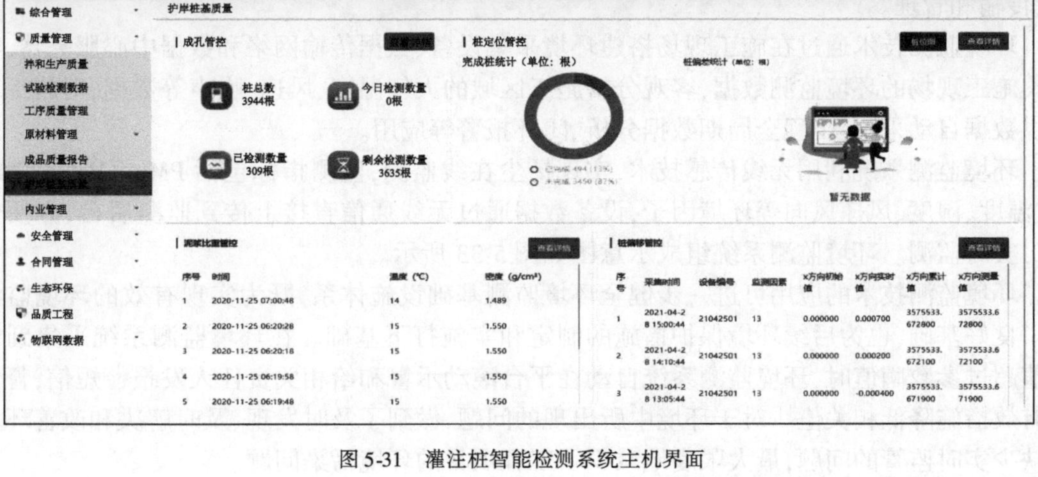

图 5-31　灌注桩智能检测系统主机界面

图5-32 钻孔灌注桩施工效果

应用灌注桩智能检测技术相比于传统人工检测方式,极大地减少了现场等待时间,提高了检测人员的工作效率。在测试方法上,系统内置有多种行业规范,可根据具体的检测内容选择相应的标准。在数据管理方面,该技术可自动形成工程所需的表格和曲线,减少人为记录错误和数据处理工作量,检测人员通过主机和手机 App 可以远程随时了解检测数据和进度。

灌注桩智能检测技术的应用可以实现对灌注桩检测的全过程进行记录,在测量放样、泥浆比重检测、成孔检测等环节上提高了施工效率,有效降低了检测人员在现场值守的工作强度,工作环境更为安全。同时,减少了非必要的时间和人力成本支出,数据自动记录并存储至云端,为工程验收提供依据,有效提高工作效率,实现工地的数字化、精细化、智慧化,达到强化质量管控、降低管理成本的目的,经济与社会效益显著,具有良好的推广应用价值。

5.4.2 环境监测技术

公路水运工程建设的环境监测对象主要有大气温度、大气湿度、气压、降雨量、风速、风向、太阳总辐射等气象数据,以及环境空气(含颗粒物、降尘、挥发性化合物等)、废气、烟气、固体废物、水质、土壤和沉积物、环境噪声等,一般使用自动气象站系统进行气象等数据的采集、存储、传输和管理。

环境监测技术通过在施工现场搭建环境采集设备、数据传输网络和数据中心服务器,实时采集施工现场的环境监测数据,客观分析施工区域的大气温度、风速、噪声等数据,对施工现场提供数据自动采集、工程全周期数据分析、闭环报警等应用。

环境监测系统利用无线传感技术,实现扬尘在线监测,监测指标包括 $PM_{2.5}$、PM_{10}、TSP、噪声、温度、湿度、风速风向等环境因子,设备数据通过无线通信直接上传到监测后台,方便管理部门实时监测。环境监测系统组成示意图如图 5-33 所示。

环境监测技术的应用可进一步健全环境监测基础设施体系,既为实现有效的环境监测奠定了良好基础,也为后续环境保护措施的制定和实施打下基础。在环境监测系统采集到的参数值超过参数阈值时,环境监测系统自动在平台滚动示警和给相关责任人发报警短信,督促采取有效措施降低相关值。对于环境中所出现的问题,做到了及时发现、及时解决和改善环境管理缺少实时监管的问题,最大限度地减少了工程项目的环境污染问题。

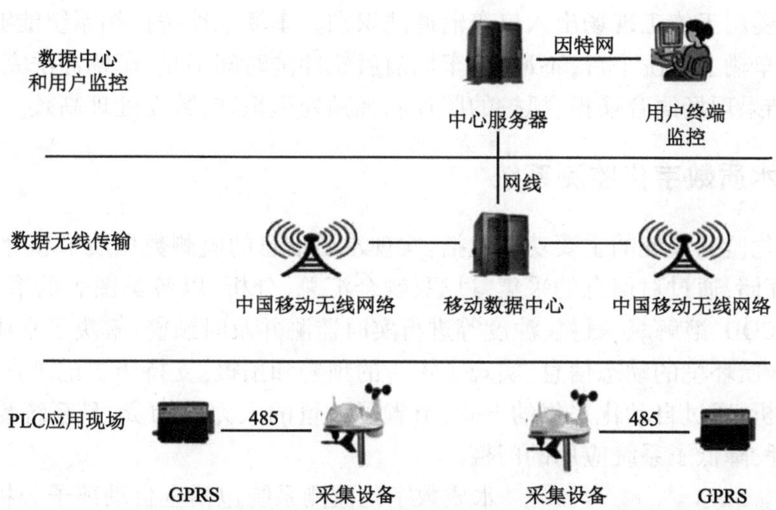

图 5-33　环境监测系统组成示意图

5.4.3　车辆未冲洗抓拍系统

车辆未冲洗抓拍系统集成了物联网、AI 图像识别、互联网等技术，其主要作用是对即将驶离工地的渣土车辆进行冲洗监控、冲洗识别、未冲洗告警，不仅能够指导司机进入冲洗台冲洗足够的时长，还能够智能抓拍车辆车牌，识别未冲洗、冲洗时长不足等违规情况，保存视频数据，及时将违规数据上传至智慧工地平台。车辆未冲洗抓拍系统组成示意图如图 5-34 所示。

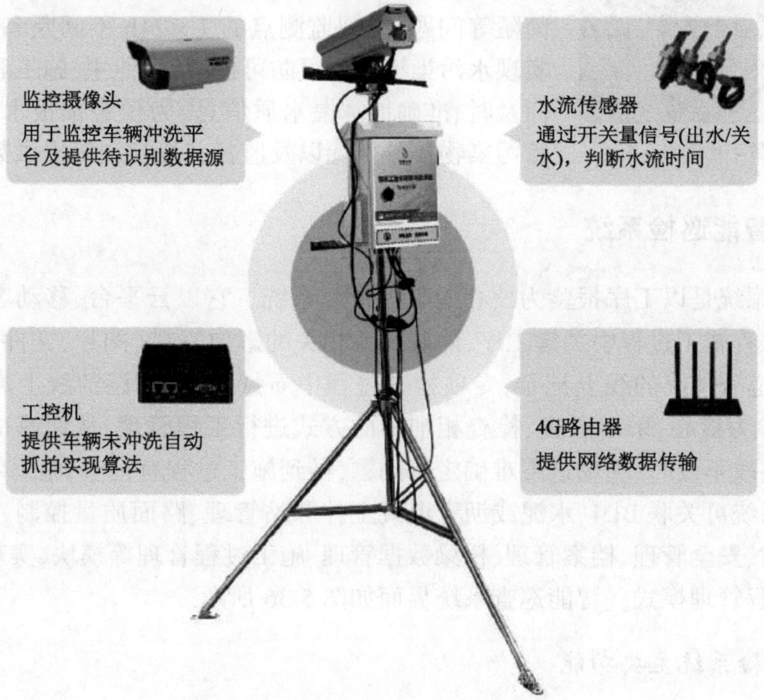

图 5-34　车辆未冲洗抓拍系统组成示意图

该技术主要用于施工现场出入口车辆冲洗识别。车辆未冲洗抓拍系统能够准确识别车辆绕道，不冲洗、车辆上冲洗平台，不冲洗、车辆前后轮冲洗时间不足、车辆冲洗完成等场景；识别内容全、识别结果现场语音播报；抓拍的照片和视频处理精准，数据处理高效。

5.4.4 水质数字化监测系统

水质数字化监测系统的主要功能包括：实现水质信息的监测数据展示和管理，并对上传信息进行汇总、存储，通过对信息的采集、过滤、融合汇总、分析，以各类图表的形式进行展现，对站内污水 PH、COD、溶解氧、氨氮、浊度等进行实时监测并及时预警，解决了水质监测不及时的问题，掌握了水质环境的动态信息，实现了灾害的预警和预报；支持历史记录查询，可对监测点位进行趋势分析；通过自动化采集的方式，节省了大量的人力和物资，且系统易维护、易部署、易扩展、低功耗，降低了系统应用的门槛。

图 5-35　水质数字化监测系统

水质数字化监测系统包括全自动离子分析仪、浊度仪、溶解氧仪、COD 检测仪、分光光度计等硬件采集设备。水质数字化监测系统通过 RS485 接口、GPRS 无线通信设备等方式可将采集的数据传输到系统，针对不同的水质指标设定不同的采样频率、报警阈值，实现水质数据的自动化采集、数据海量存储和闭环报警，如图 5-35 所示。

水质数字化监测技术，通过充分利用物联网和大数据等技术，解决了传统人工检测水质时所遇到的检测周期长、劳动强度大、数据采集速度缓慢、人工录入存在误差、检测点环境简陋等问题，实现监测点的 7 × 24h 不间断和按需监测，有效实现水污染事件的可防可控，帮助业主、施工和环境保护等部门及时、准确地掌握水质信息，为预警预报水质污染事故、监管污染物排放指标以及监督总量控制等提供数据支撑。

5.4.5 智能巡检系统

智能巡检系统是以工序报验为核心的工程管理系统。它以云平台、移动客户端相结合的方式，可实现工程施工过程中关键工序、隐蔽工程相关的影像资料（图片、文件、视频）收集，日常巡查过程中巡查情况的线上记录，专项检查过程中质量、安全问题的线上通报与整改等功能，以工序报验为核心，采用巡查、检查相辅助的方式进行工程管理，从而解决工序报验不规范、现场问题整改不及时、现场进度难确定等问题，做到施工过程有记录，施工效率可量化。同时，智能巡检系统可关联 BIM、水泥或沥青混凝土拌和站管理、路面质量控制、试验检测、进度统计、计量支付、安全管理、档案管理、桥梁数据管理、施工过程管理等模块，实现以工序报验流程为主线的工程管理模式。智能巡查系统界面如图 5-36 所示。

1）智能巡检系统主要功能

智能巡检系统主要功能包括：

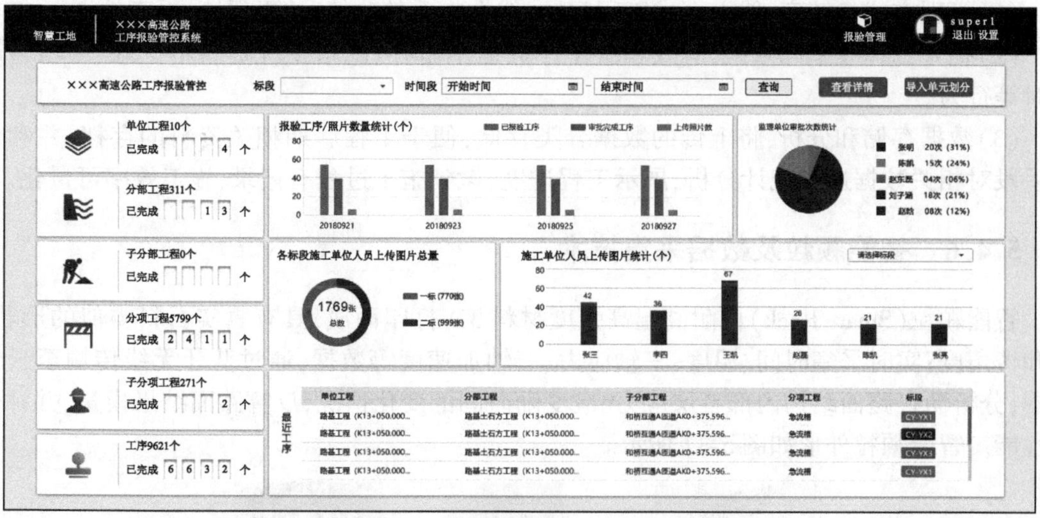

图5-36　智能巡查系统界面

(1)工序报验。通过系统对报验流程、单元划分进行预先设置,利用移动客户端对工序进行快速选择、快速报验,并提供流程可配置,关键工序的图片、文件、视频在线上传,质量检测表格在线填写、在线预览,报验位置自动记录等功能,从而实现关键工序影像、资料、位置等方面的数据采集与记录,提高工序报验效率。

(2)隐蔽工程。通过系统对单元划分中的隐蔽工程进行标记,利用移动客户端对相关隐蔽工程工序进行报验,并提供流程可配置、隐蔽工程的影像资料在线上传、质量检测表格在线填报、报验位置自动记录等功能,从而实现隐蔽工程的影像、资料、位置等方面的数据采集与记录,确保隐蔽工程中关键资料数据的存档。

(3)日常巡查。针对施工过程巡查不规范等问题,利用移动客户端进行日常巡查的管理;巡查过程之中,记录巡查路线和巡查过程的图片与视频,从而实现日常巡查记录有迹可查,维持工程施工正常秩序,防止安全事故发生。

(4)大检查。针对施工现场的一些质量与安全问题,利用移动客户端以一般、严重两个维度对问题进行记录,并下发整改通知单,自动通知负责单位整改,通过上传照片记录现场情况,利用定位标注整改现场的位置,以确保整改单位快速知晓整改内容、现场情况、整改位置,便于及时响应整改。

(5)随手拍。针对施工现场的一些不确定性问题,利用移动客户端对施工现场中相关的影像资料进行记录,并提供评论功能。当确认存在问题时,自动转换成大检查模块数据,提醒相关负责人进行整改。该模块支持共享,可为其他模块提供相关数据。

(6)数据共享。针对施工过程之中工程进度难以展示、工程计量难以计算等问题,利用平台报验数据与计量支付、BIM系统数据进行共享;以工序数据为基础,实现工程进度展示、工程计量计算。

2)智能巡检系统的应用成效

智能巡检系统的应用成效主要包括:

（1）管理方式的转变，线上下发工程问题，线上查看整改情况，更便捷、更高效。

（2）提升工作效率和效果，有效解决工序数据不留存、隐蔽工程资料不记录、专项整改不及时等行为。

（3）数据存储和分析，将上传的数据分类存储，便于工程后期相关资料的存档，并利用智能手段对相关数据进行统计分析，展示工程进度，做到施工过程有记录、施工效率可量化。

5.4.6 智能颗粒及数据采集技术

智能颗粒（Smart Rock）由耐高温高强度材料 3D 打印而成，具有真实石料类似的形状、大小和棱角度；实时采集时间、温度、三轴应力、三轴加速度等数据，通过蓝牙无线传输至云端服务器；分析沥青路面结构内部各层应力、应变随时间的变化情况，反算路面结果模量，并评价路用性能。智能颗粒外形如图 5-37 所示。

a)集料颗粒智能颗粒　b)"SmartRock (SR)"　c)SR 外部尺寸

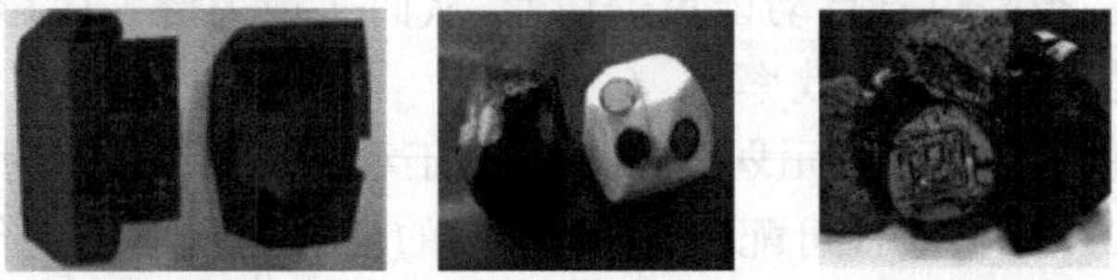

d)SR内部元件　e)SR表面应力传感　f)裹附了沥青的SR

图 5-37　智能颗粒外形

1）产品特点

（1）尺寸形状与集料类似，只有 19mm。

（2）埋设路面结构内部，实现无线传输数据。

（3）实时采集时间、温度、三轴应力与加速度、欧拉角四元数等多种数据。

（4）支持路面等效应力应变、弯沉、动态模量反算。

2）现场施工工艺

（1）按设计图纸进行智能颗粒位置放样并采集静态环境数据 3min。

（2）摊铺沥青混合料后，在放样处将松散的沥青混合料挖开，安放智能颗粒后填埋混合料并整平。

（3）压实。压实过程中连续实时收集数据，压实完成后根据需求配置智能颗粒睡眠唤醒时间。

（4）安装数据接收器，利用蓝牙将智能颗粒采集数据传输到数据接收器，并实时上传至云端，进行数据储存与分析，供用户随时查看、下载。

安装数据接收器智能颗粒现场施工如图 5-38 所示。

图 5-38　智能颗粒现场施工

3）智能颗粒适用范围

（1）各等级新建及养护路面应力应变监测，路面结构性能预测；相关数据采集软件及数据分析如图 5-39、图 5-40 所示。

（2）路面新结构、新材料性能评价。

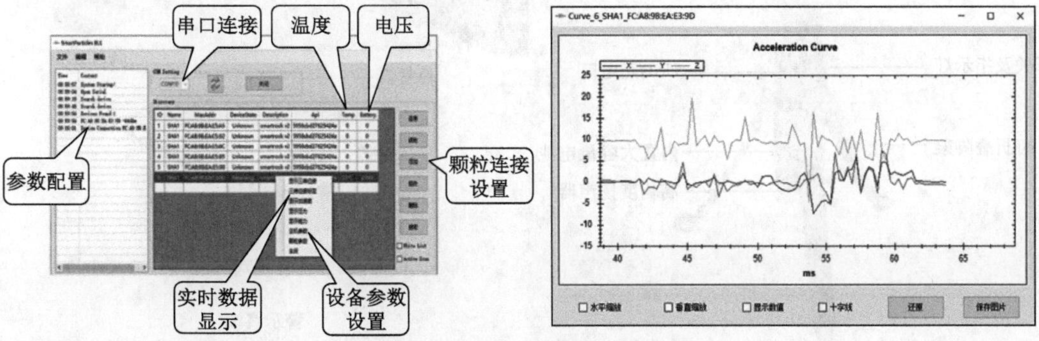

图 5-39　智能颗粒数据采集软件

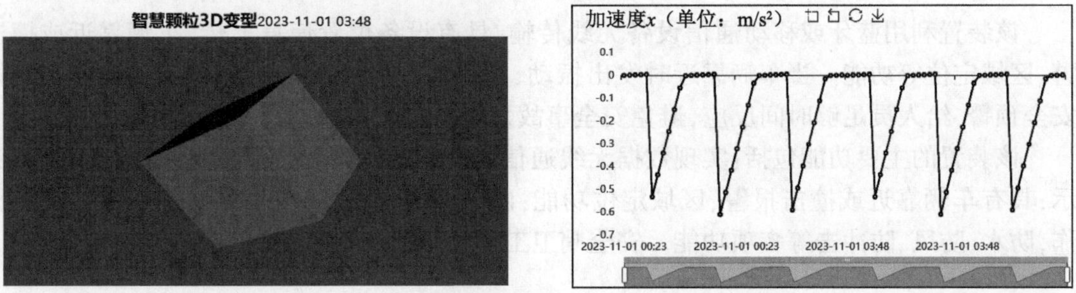

图　5-40

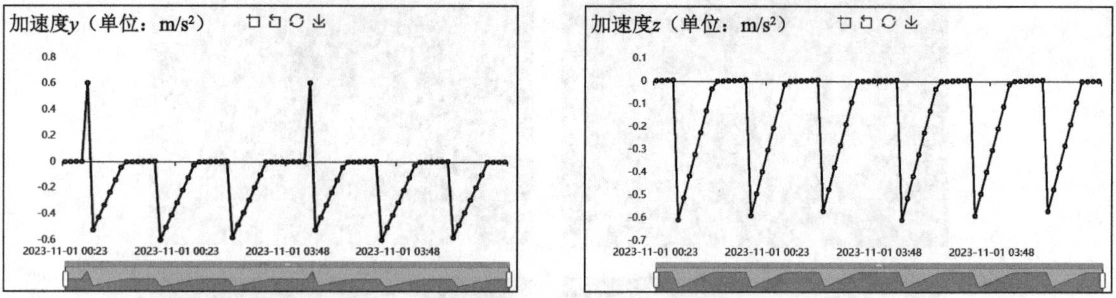

图 5-40　智能颗粒数据分析

5.4.7　作业区域安全警示装置

作业区域安全警示装置由安全哨卫和警示终端组成。安全哨卫内置 GPS、通信模组、雷达、加速度传感器。作业区域安全警示装置可实现设备位置信息上传、车辆靠近或撞击报警、区域定位等功能。当报警发生时，警示终端通过振动、声音、灯光提示。作业区域安全警示装置如图 5-41 所示。

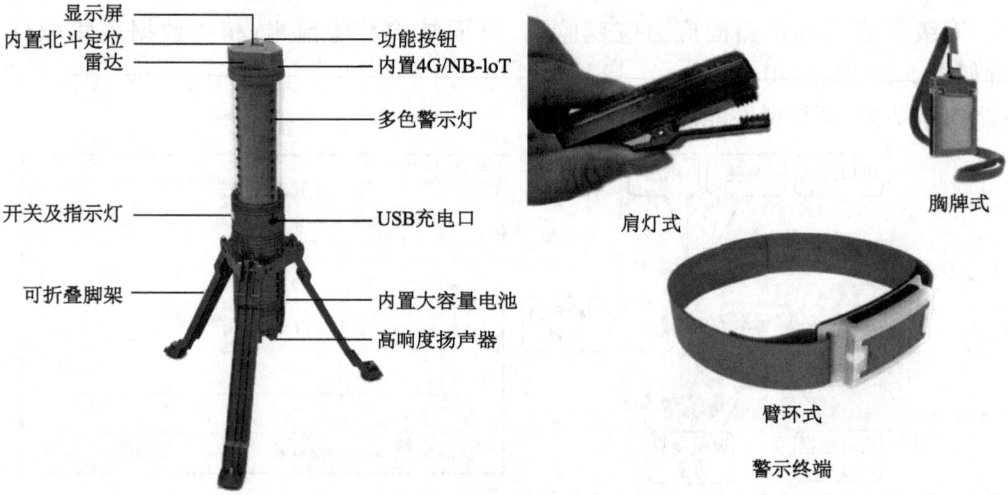

图 5-41　作业区域安全警示装置

该装置利用蓝牙或移动通信设备无线传输，具有设备位置信息上传、车辆靠近或撞击报警、区域定位等功能。当车辆靠近时发出振动、声音和灯光提示，能实现 200m 作业范围内的安全预警，给人员足够时间反应，避免安全事故发生。

该装置的主要功能包括：实现数据无线通信；红、蓝、橙可定义的警灯；振动、声音、灯光提示；具有车辆靠近或撞击报警、区域定位功能；内置充电电池，满电工作时间≥24h；抗鲁棒操作，防水、防风、防冲击等多项功能。安全哨卫工作状态示意图如图 5-42 所示。

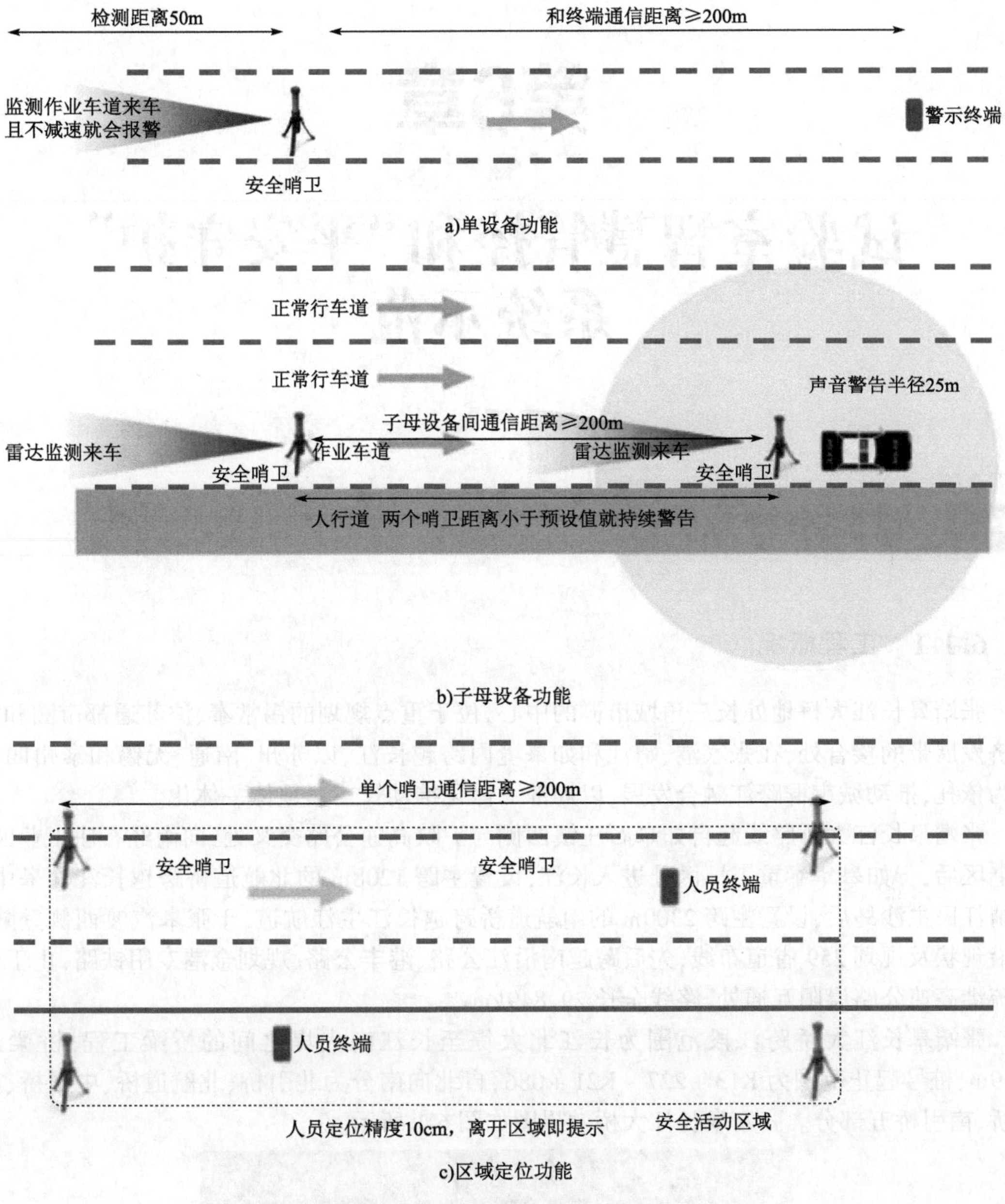

图5-42　安全哨卫工作状态示意图

第6章

试验室智慧管控和“平安守护”系统示范

6.1 试验室智慧管控

6.1.1 工程概况

张靖皋长江大桥地处长三角城市群的中心，位于重点规划的锡常泰、沪苏通都市圈和沿江经济发展带的接合处，在张家港、靖江和如皋境内跨越长江，以苏州、南通、无锡和泰州四大城市为依托，推动城市群跨江融合发展，以局部一体化推动长三角整体一体化。

张靖皋长江大桥路线起自如皋石庄镇西侧与沪陕高速公路交叉处，向南经石庄工业园、如皋港区后，于如皋华泰重工厂区处进入长江，设置主跨1208m的北航道桥跨越长江如皋中汊，经靖江民主沙岛后，设置主跨2300m的南航道桥跨越长江主江航道，于张皋汽渡西侧登陆，向南沿现状及规划259省道布线，先后跨越南沿江公路、港丰公路、规划金港专用铁路，止于张家港疏港高速公路晨阳互通处，路线全长29.849km。

张靖皋长江大桥跨江段范围为长江北大堤至长江南大堤之间的桥梁工程，桥梁总长7859m，桩号起止范围为K13+227~K21+086，自北向南分为北引桥、北航道桥、中引桥、南航道桥、南引桥五部分。张靖皋长江大桥效果图如图6-1所示。

图6-1 张靖皋长江大桥效果图

6.1.2 建设内容框架

针对工程项目质量管理的信息化、数字化、智慧化管控等难题，按照《公路工程工地试验室标准化指南》的相关规定，在结合物联网智慧检测设备的基础上，开发出了公路工程智慧试验室智能试验检测平台。按照公路工程试验检测相关技术标准与规程要求，制定了公路工程智慧试验室智能试验检测平台系统的总体架构，通过建立一体化的试验室综合管理系统平台，实现对公路工程试验室检测业务从试验委托—样品采集—试验检测—报告出具的全流程电子化管理，有效地利用人、机、料、法、环等试验室检测资源，同时将工作流、信息流和实物流进行有机整合，实现试验室检测业务流程的数字化和日常管理工作的信息化管理。系统平台的管理对象包括送检样品、检测项目、方法标准、检测数据、出具报告、仪器设备、费用成本、质量文件等。智慧试验室智能试验检测平台的业务流程图如图6-2所示。

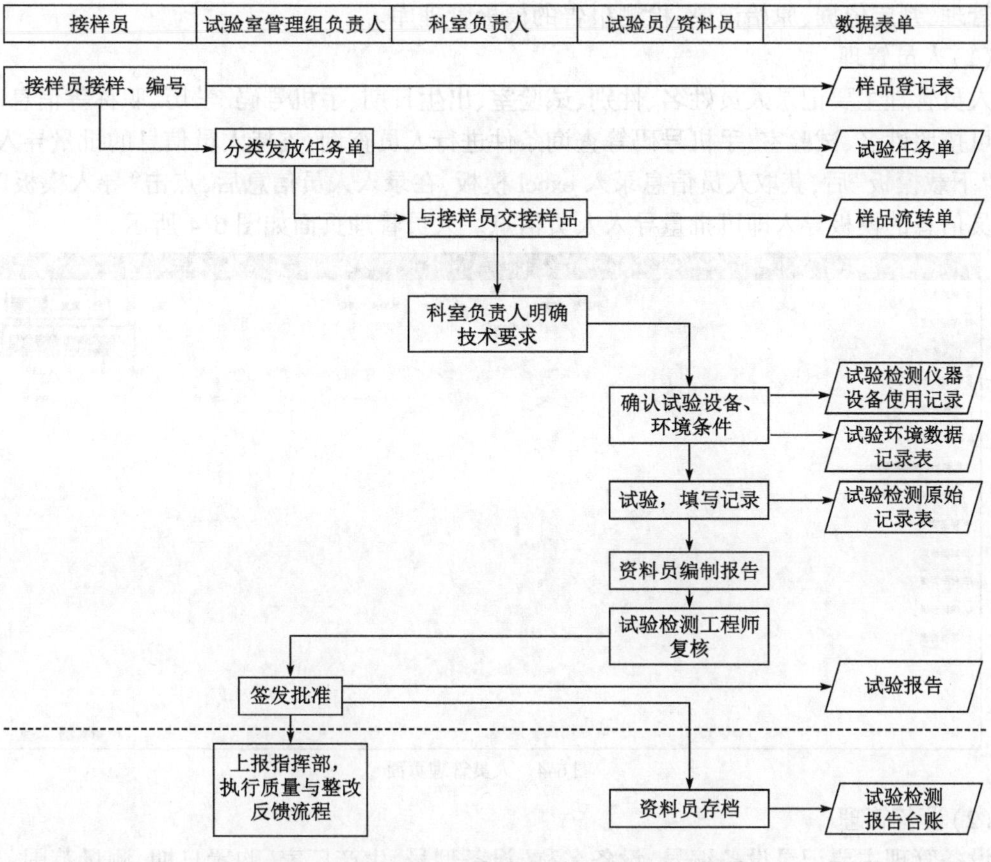

图6-2 智慧试验室智能试验检测平台的业务流程图

智慧试验室智能试验检测平台依据公路工程试验检测业务流程共有5个功能模块，主要包括基础信息管理、样品管理、试验检测、台账管理及系统管理，各模块所属二级功能菜单如图6-3所示。

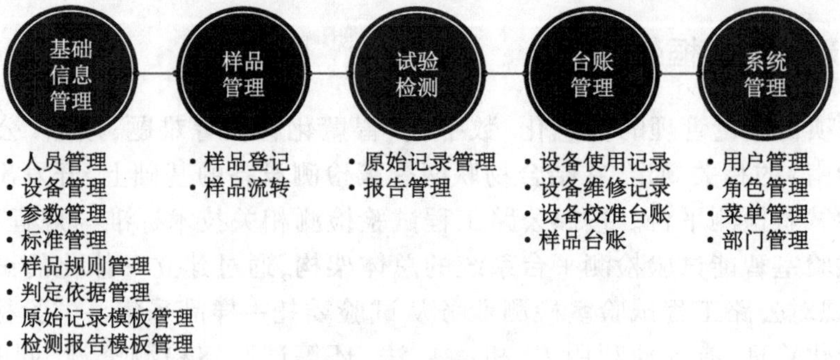

图 6-3　模块功能设计图

1)基础信息管理

基础信息管理主要用于对系统应用过程中的基础数据进行初始化管理,对系统的基础数据进行维护。基础信息管理模块主要包括建立试验检测人员库,试验检测设备库、检测参数、标准管理、判定依据、原始记录、检测报告的模板管理库。

(1)人员管理

人员管理主要记录人员姓名、性别、试验室、出生日期、手机号码、学历、职称等信息。人员管理可按照姓名、试验室、手机号码等查询条件进行人员查询,支持人员信息的批量导入,通过点击“下载模板”后,获取人员信息录入 excel 模板,在录入人员信息后,点击“导入模板”,将录入人员信息的模板导入即可批量导入人员信息。人员管理页面如图 6-4 所示。

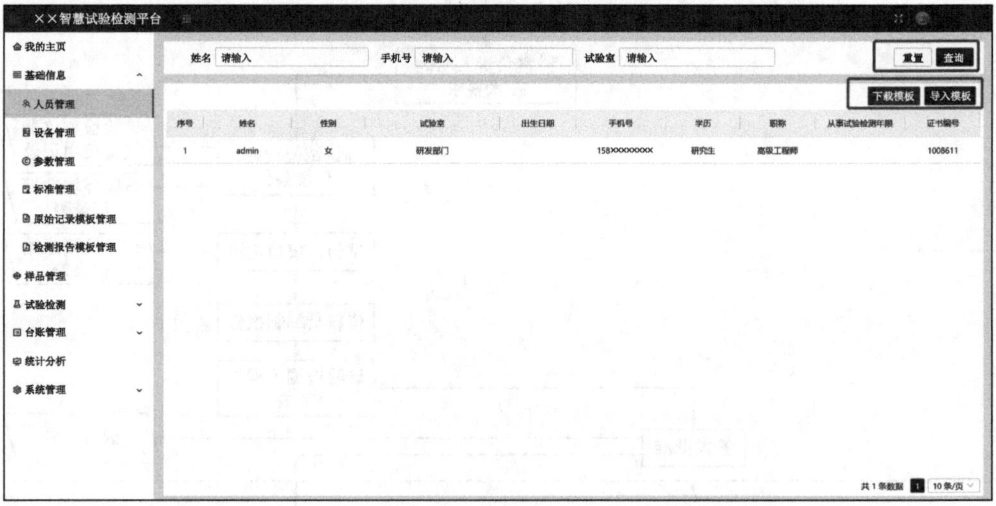

图 6-4　人员管理页面

(2)设备管理

设备管理主要记录设备编号、设备名称、设备型号、生产厂家、购置日期、测量范围、上次校准时间、下次校准时间、检定状态、放置地点、保管人、设备状态等信息。设备管理可按照设备编号、设备名称、生产厂家等查询条件进行设备查询,支持设备信息的批量导入,通过点击“下载模板”后,获取设备信息录入 excel 模板,在录入设备信息后,点击“导入模板”,将录入设备信息的模板导入即可批量导入设备信息。设备管理页面如图 6-5 所示。

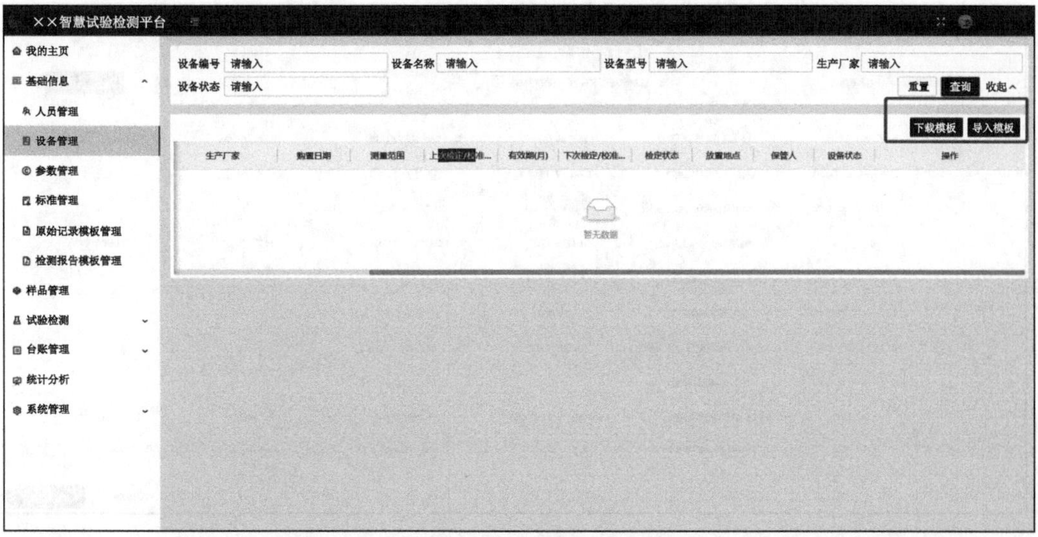

图6-5　设备管理页面

(3)参数管理

参数管理主要记录参数名称、样本类型、检测设备、检测标准、检测人员、原始记录模板等信息。参数管理可按照样品类型和参数名称等查询条件进行查询，支持参数的批量导入，通过点击“下载模板”后，获取参数信息录入excel模板，在录入参数信息后，点击“导入模板”，将录入参数信息的模板导入即可批量导入参数信息，形成参数管理台账，对应每一条参数信息中的操作栏中有详情、编辑、删除可对参数信息进行查改删。图6-6为参数管理页面。

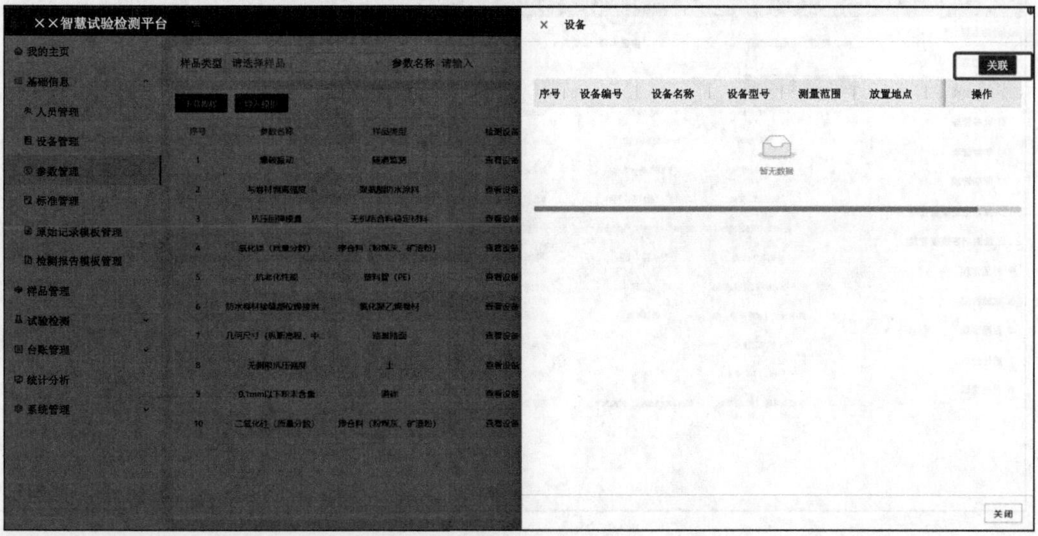

图6-6　参数管理页面

点击可查看此参数的试验检测设备、人员、检测依据、判定依据、原始记录模板等。若没有与参数关联设备、人员、检测依据、判定依据、原始记录和模板，可点击关联与试验参数进行关联，图6-7为参数与设备关联页面。

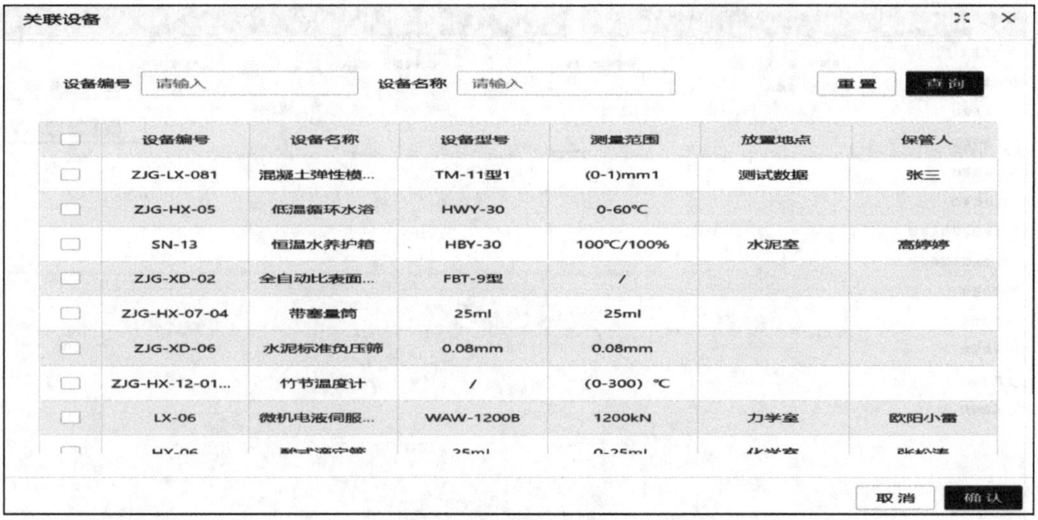

图 6-7　参数与设备关联页面

(4)标准管理

标准管理主要记录标准编号、标准名称等信息。标准管理可按照标准编号、标准名称查询条件进行查询，支持标准的批量导入，通过点击“下载模板”后，获取标准信息录入 excel 模板，在录入标准信息后，点击“导入模板”，将录入标准信息的模板导入即可批量导入标准信息，形成标准管理台账，对应每一条标准信息中的操作栏中有详情、编辑、删除，可对标准信息进行查改删。图 6-8 为标准管理页面。

图 6-8　标准管理页面

(5)样品规则管理

样品规则管理主要用于各个试验室对样品登记时的样品编码进行自维护，可根据用户试验检测业务类型定制化设置试验室样品登记编号规则、委托样品登记编号规则以及抽检样品登记编号的编码规则。

点击操作栏中的编辑，可对相应样品的试验室样品编号规则、委托样品编号规则以及抽检样品编号规则进行设置。图 6-9、图 6-10 为样品登记编码管理页面。

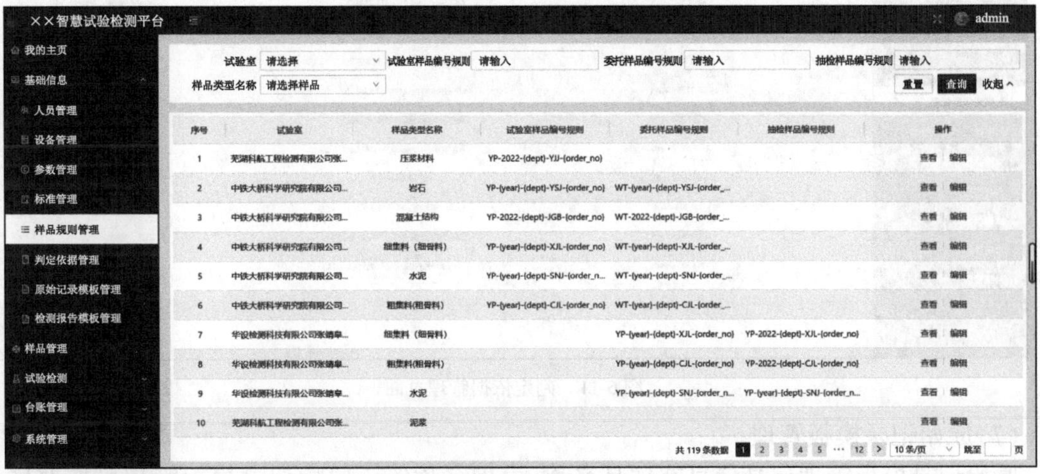

图 6-9 样品登记编码管理页面(一)

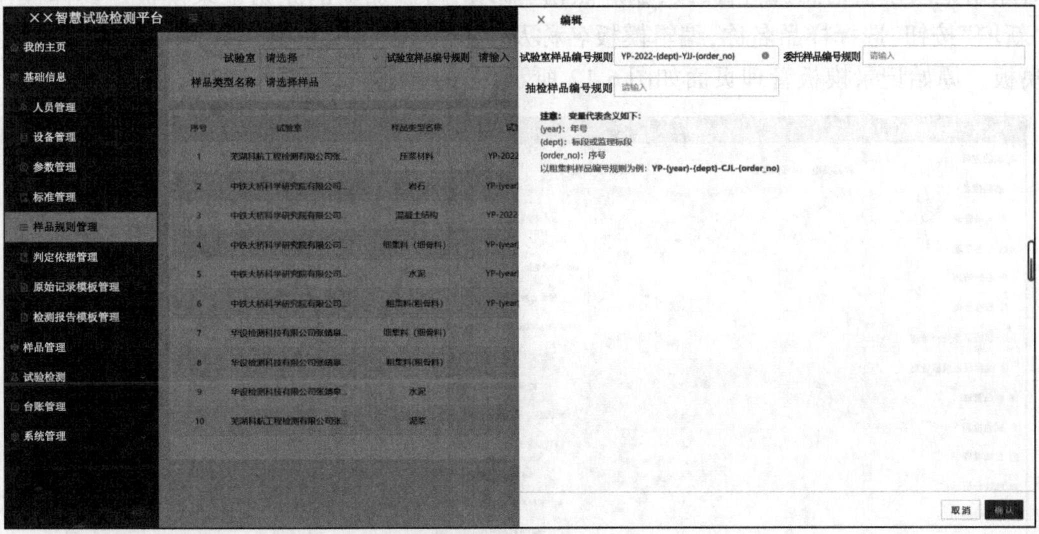

图 6-10 样品登记编码管理页面(二)

(6)判定依据管理

判定依据管理主要用于对于判定依据的维护功能，系统已经对试验检测过程中涉及的判定依据进行了初始化设置，目前已经录入判定依据 600 余条，基本满足需要。若在样品登记中没有找到对应的判定依据，可在判定依据管理页面进行新增。点击“新增”按钮，依次录入“依据编号”“依据名称”及上传依据附件，即可完成新的判定依据的添加。判定依据管理页面如图 6-11 所示。

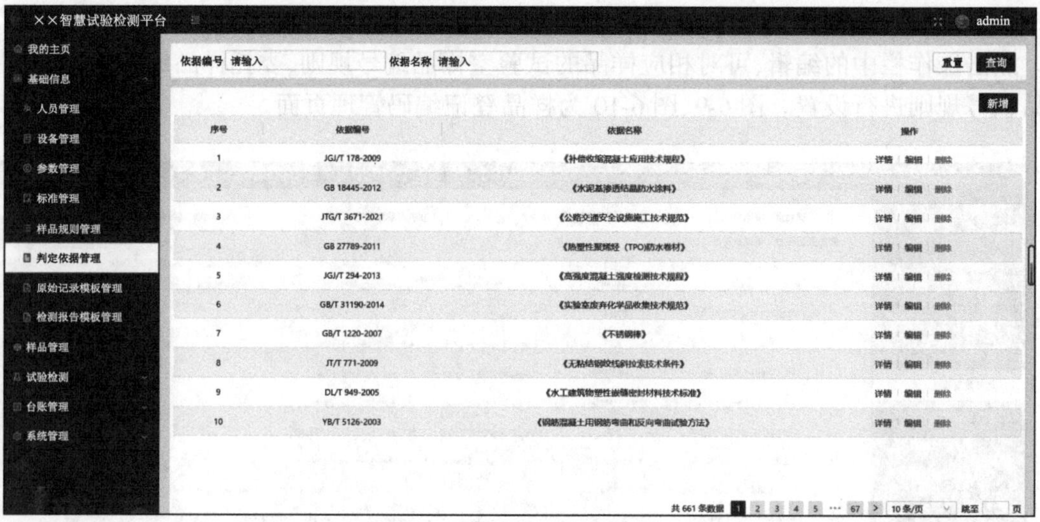

图 6-11　判定依据管理页面

(7)原始记录模板管理

原始记录模板管理记录信息有样品名称、模板名称等。原始记录模板管理可按照样品名称、模板名称查询条件进行查询。原始记录模板管理台账记录的操作栏中有详情、编辑、删除可对原始记录模板信息进行查、改、删。点击“新增”可添加新的原始记录模板。具体操作:点击“新增”按钮,选择样品名称,编辑模板名称及模板描述,上传模板附件即可添加新的原始记录模板。原始记录模板管理页面如图 6-12 所示。

图 6-12　原始记录模板管理页面

(8)检测报告模板管理

检测报告模板管理记录信息有样品名称、模板名称。检测报告模板管理可按照样品类型、模板名称查询条件进行查询。原始记录模板管理台账记录的操作栏中有详情、编辑、删除可对检测报告模板信息进行查、改、删。点击“新增”可添加新的检测报告模板,具体操作:点击“新增”按钮，选择样品名称，编辑模板名称及模板描述，上传模板附件即可添加新的检测报告模板。检测报告模板管理页面如图6-13所示。

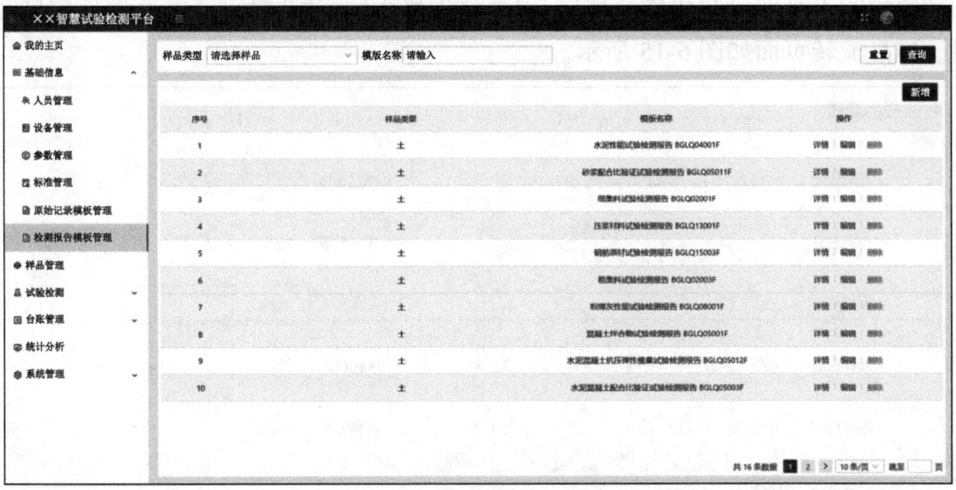

图6-13　检测报告模板管理页面

2）样品管理

（1）样品登记

样品登记的主要功能为试验检测样品的登记，支持样品类型、样品名称、样品编号等查询条件进行样品查询。点击“样品登记”，选择样品类型，录入样品名称、工程部位、试验类型、代表数量、样品数量、进场日期、规格型号、生产厂家、取样地点、拟使用部位、施工单位、监理单位、取样日期、取样人、接样日期、接样人等（*为必填信息）。其中，工程部位参数来源于WBS系统对接数据。同时系统会根据样品类型自动带入检测参数，选择相应的检测参数后，系统根据检测参数自动带入检测依据和检测设备及判定依据。根据实际需要选择相应的检测依据和检测设备和判定依据，点击“确认”后完成样品登记。样品登记页面如图6-14所示。

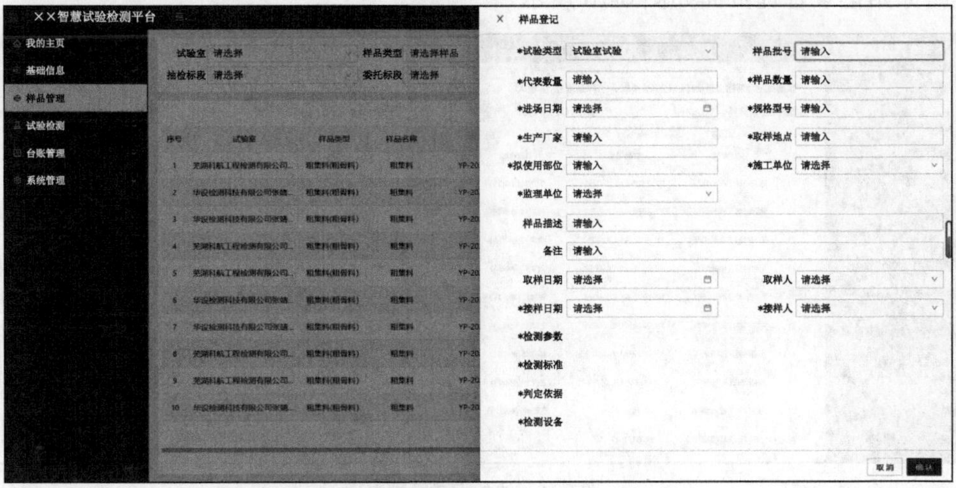

图6-14　样品登记页面

(2)样品流转

点击操作栏中的“样品流转”,录入流转数量、发样人、领样人等相关信息,选择样品处置方式和试验检测人员即可完成样品流转;点击操作栏中“查看”按钮可查看样品信息和样品流转信息。样品流转页面如图6-15所示。

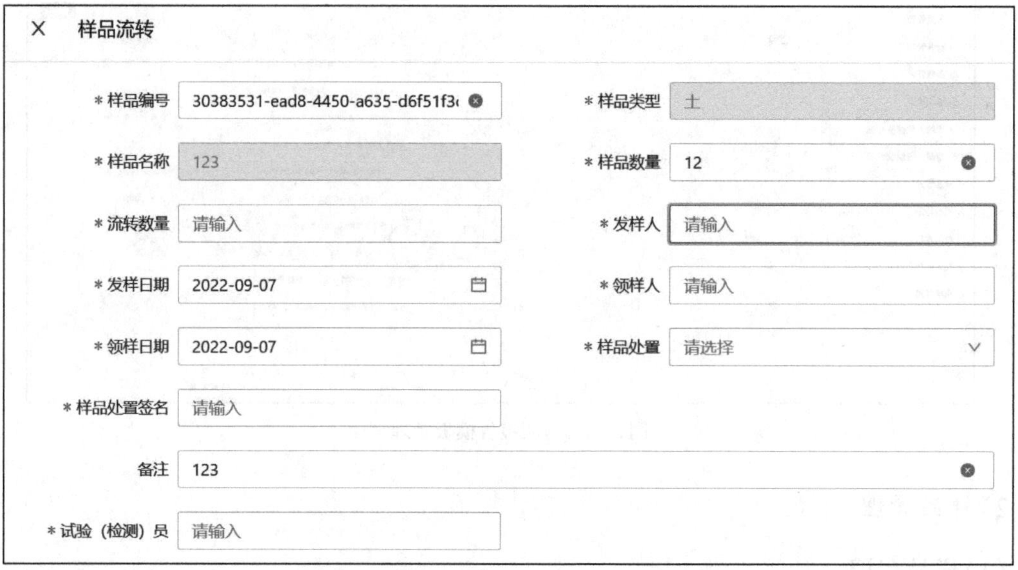

图6-15　样品流转页面

3)试验检测

(1)原始记录管理

点击“原始记录管理”,进入原始记录管理页面,默认查询所有已流转样品数据,返回的列表数据,只有是参数关联的用户并且原始记录的状态为未审核才可以编辑,非参数关联试验人员只能查看,可以根据“试验室名称”“样品名称”“样品编号”和“开始时间”查询对应原始记录数据。原始记录管理页面如图6-16所示。

图6-16　原始记录管理页面

当前用户是原始记录参数关联的用户，并且原始记录状态处于未审核时显示“编辑记录”按钮，点击按钮，弹出页面，显示所有与样品关联的原始记录表，点击“表名切换模板”，如图6-17所示。

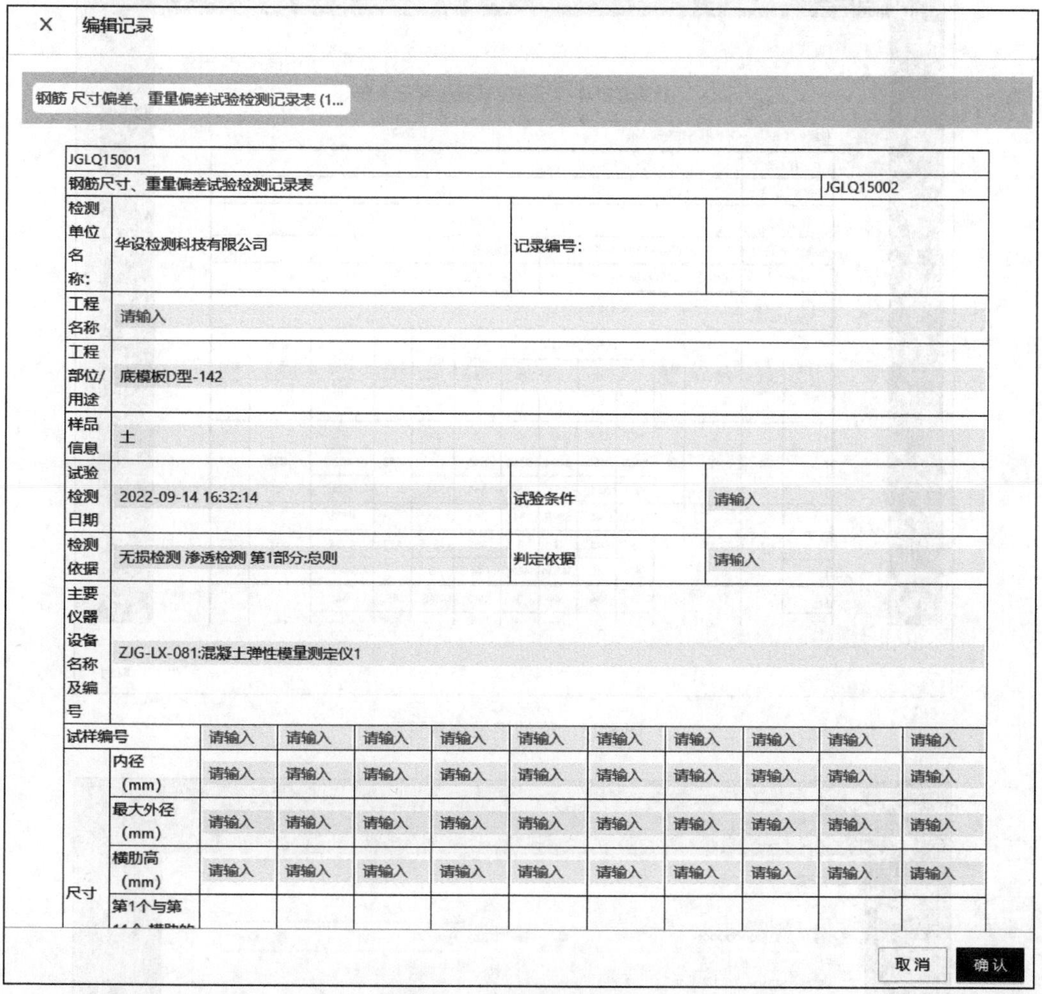

图6-17　原始记录编辑页面

此时，点击“查看记录”，弹出页面，显示生成的pdf。如果用户为对应角色，就会显示“签章”按钮，否则只有“取消”按钮，如图6-18所示。

当用户为对应签章角色时，在“查看记录”页面会显示“签章”按钮；点击“签章”，弹出电子签章弹窗，如图6-19所示。

检测员完成记录编辑和签字确认后，记录状态由“待编辑”变成“待复核员签字”。需要具备复核员角色账号才可以进行复核签字，如图6-20所示。

登录审核员角色用户，可继续签章，签章完成后原始记录状态由“待审核”改变为“待复核”，点击“查看记录”，对应签章位置显示印章，“签章”按钮隐藏。

登录复核员角色用户，可继续签章，签章完成后原始记录状态由“待复核”改变为“已完成”，点击“查看记录”，对应签章位置显示印章，“签章”按钮隐藏，原始记录流程走完，检测报告更新。

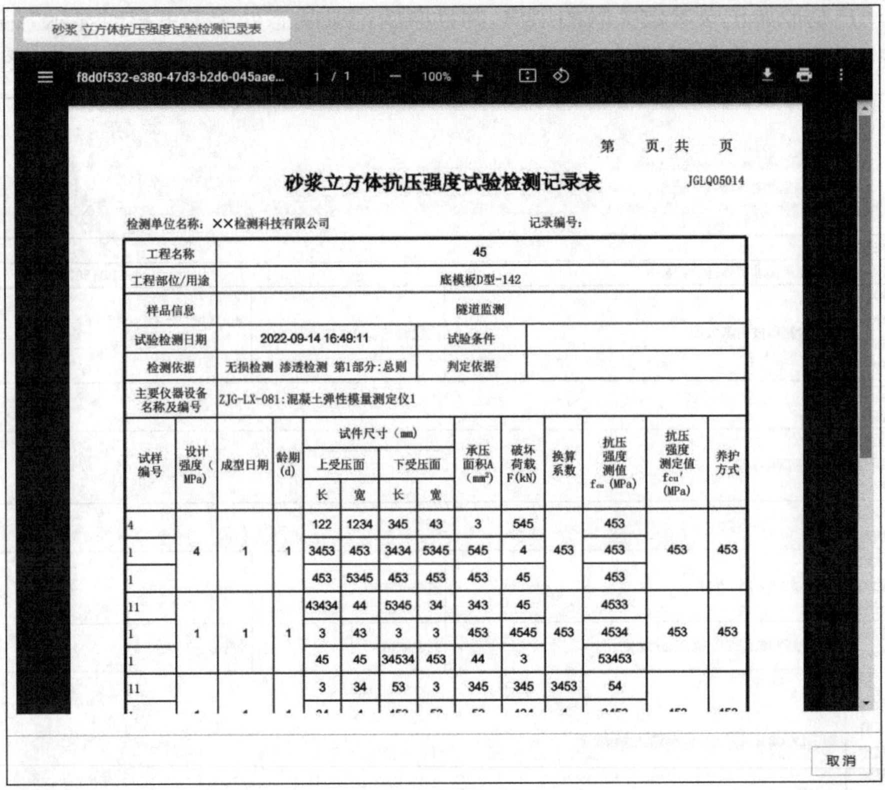

第　页，共　页

砂浆立方体抗压强度试验检测记录表　JGLQ05014

检测单位名称：××检测科技有限公司　记录编号：

工程名称	45												
工程部位/用途	底模板D型-142												
样品信息	隧道监测												
试验检测日期	2022-09-14 16:49:11					试验条件							
检测依据	无损检测 渗透检测 第1部分:总则					判定依据							
主要仪器设备名称及编号	ZJG-LX-081:混凝土弹性模量测定仪1												
试样编号	设计强度（MPa)	成型日期	龄期(d)	试件尺寸（mm）				承压面积A（mm²)	破坏荷载F(kN)	换算系数	抗压强度测值f_{cu} (MPa)	抗压强度测定值f_{cu}' (MPa)	养护方式
				上受压面		下受压面							
				长	宽	长	宽						
4				122	1234	345	43	3	545		453		
1	4	1	1	3453	453	3434	5345	545	4	453	453	453	453
1				453	5345	453	453	453	45		453		
11				43434	44	5345	34	343	45		4533		
1	1	1	1	3	43	3	3	453	4545	453	4534	453	453
1				45	45	34534	453	44	3		53453		
11				3	34	53	3	345	345	3453	54		

图 6-18　原始记录查看页面

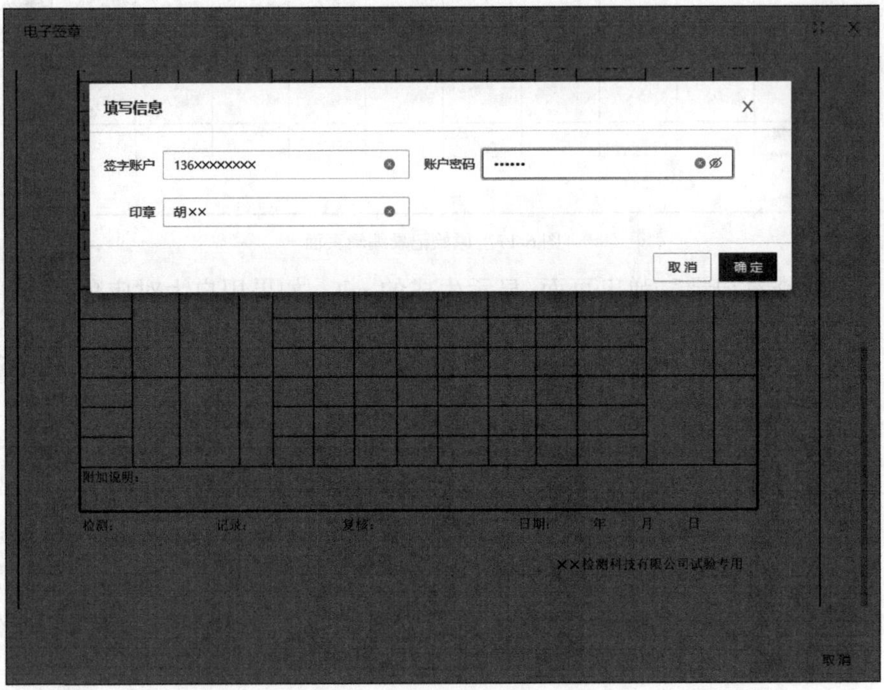

图 6-19　原始记录审批页面(一)

图6-20　原始记录审批页面(二)

(2)报告管理

点击“报告管理”,进入报告管理页面,默认查询所有原始记录状态为已完成样品数据,返回数据只有原始记录状态为已完成的会显示“查看报告”按钮;只有用户为参数关联人员并且原始记录状态为已完成才会显示“报告编辑”按钮。

可根据试验室名称、样品编号、样品名称报告编号等查询符合条件的报告数据,如图6-21所示。

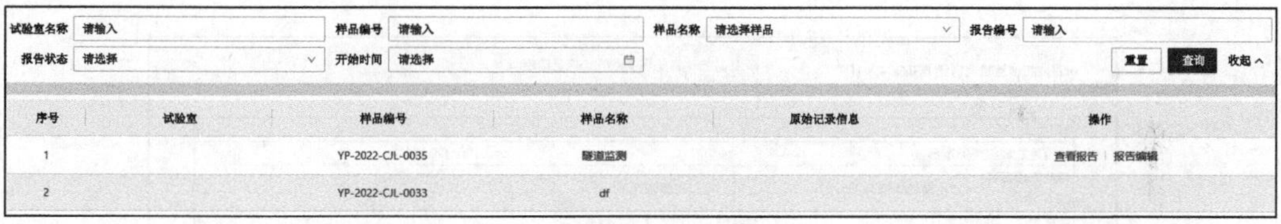

图6-21　报告管理页面

点击“报告编辑”按钮,弹出报告页面,显示对应报告模板,点击模板名称可展示对应模板表格和展示报告所对应的原始记录,如图6-22所示。

报告状态处于未审核之前可以通过报告编辑填写报告,生成对应pdf报告文件,模板中上半部分数据为样品登记时回填的基础信息,填完数据后点击“确认”按钮,数据收集传到后端,生成pdf文件,检测报告状态从“未录入”改变为“待签字”,如图6-23所示。

点击“查看报告”,打开查看报告页面,展示生成的pdf报告。如果用户角色为检测员,“签章”按钮显示,可以进行签章,否则只显示“取消”按钮,如图6-24所示。

当用户为检测员时,点击“查看报告”,打开页面,显示“签章”按钮;可以点击“确定”按钮,打开签章弹窗,如图6-25所示。

签章完成后,报告状态由“待签字”改变为“待审核”。点击查看报告,展示签完章的报告pdf,签章位置显示印章,如图6-26所示。

判断用户角色,只有当用户为审核员时才显示“签章”按钮,可以进行接下来的签章操作,否则只显示“取消”按钮。

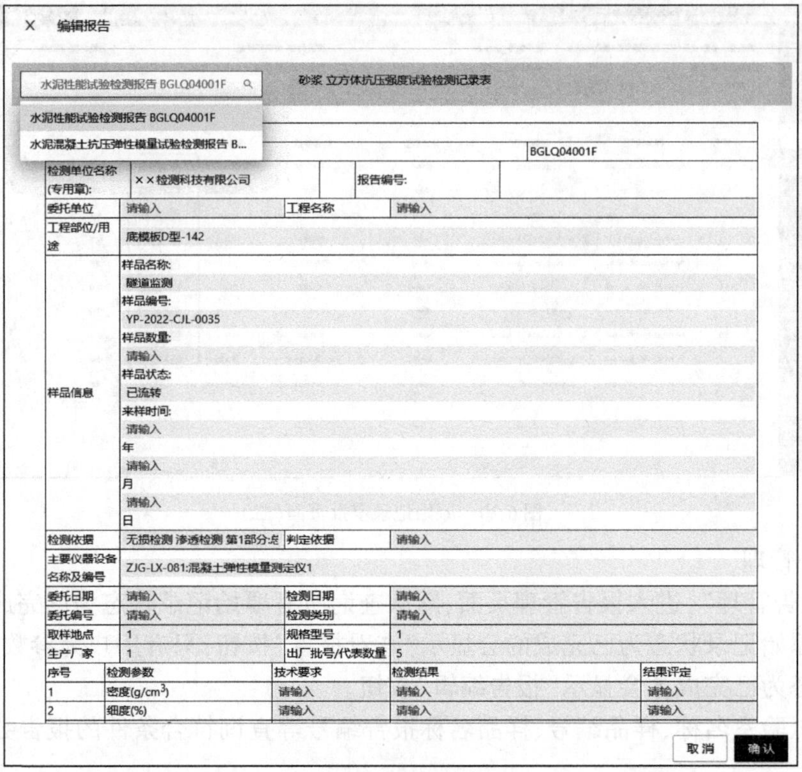

图 6-22 报告编辑页面

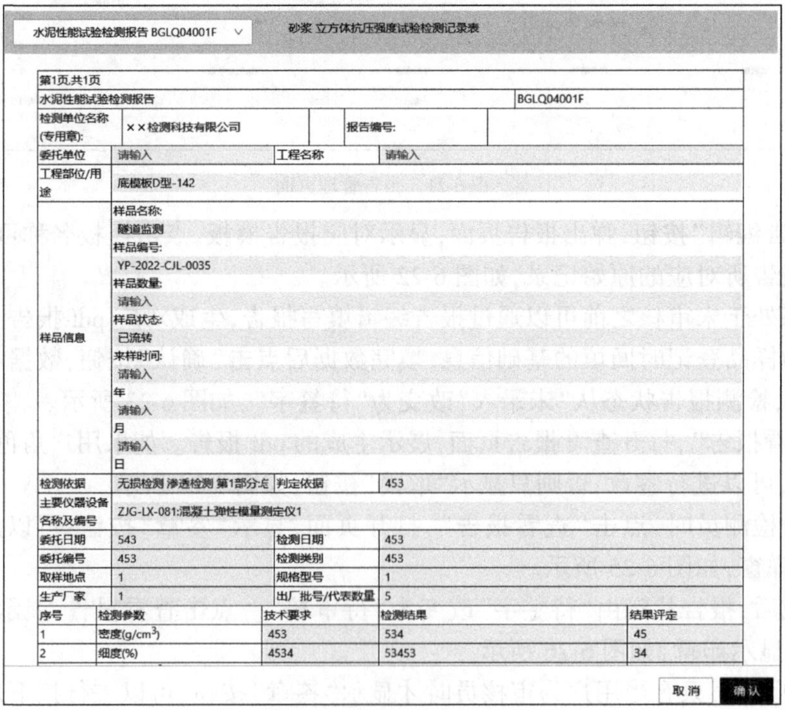

图 6-23 报告编辑实现页面

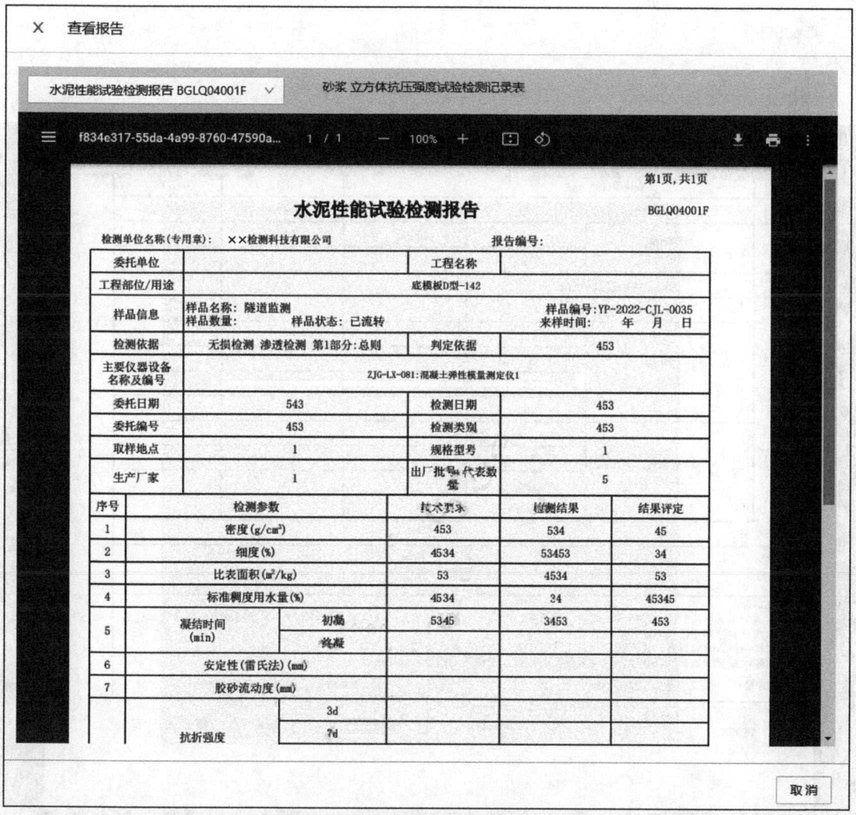

图6-24　报告查看实现页面

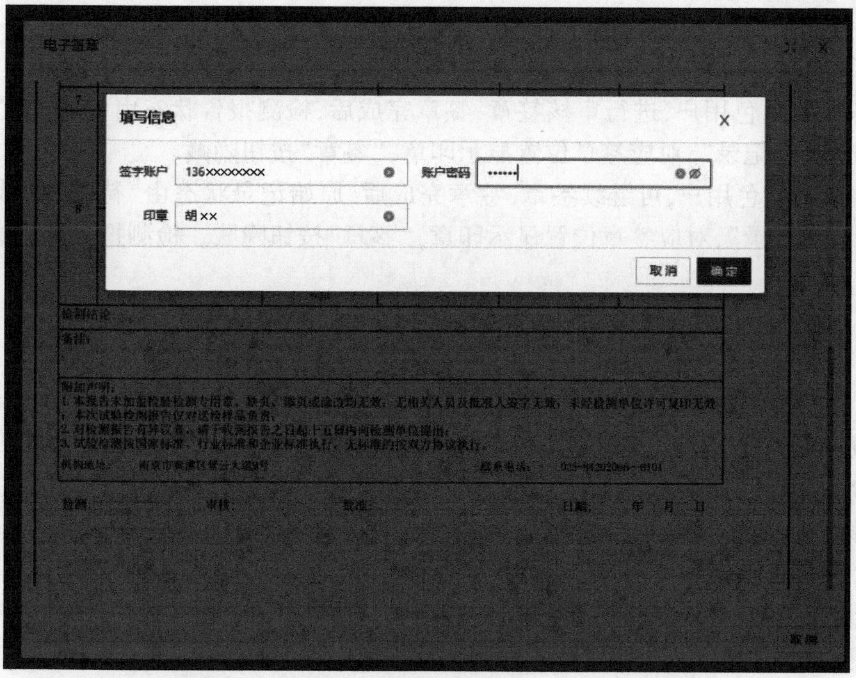

图6-25　报告审批页面

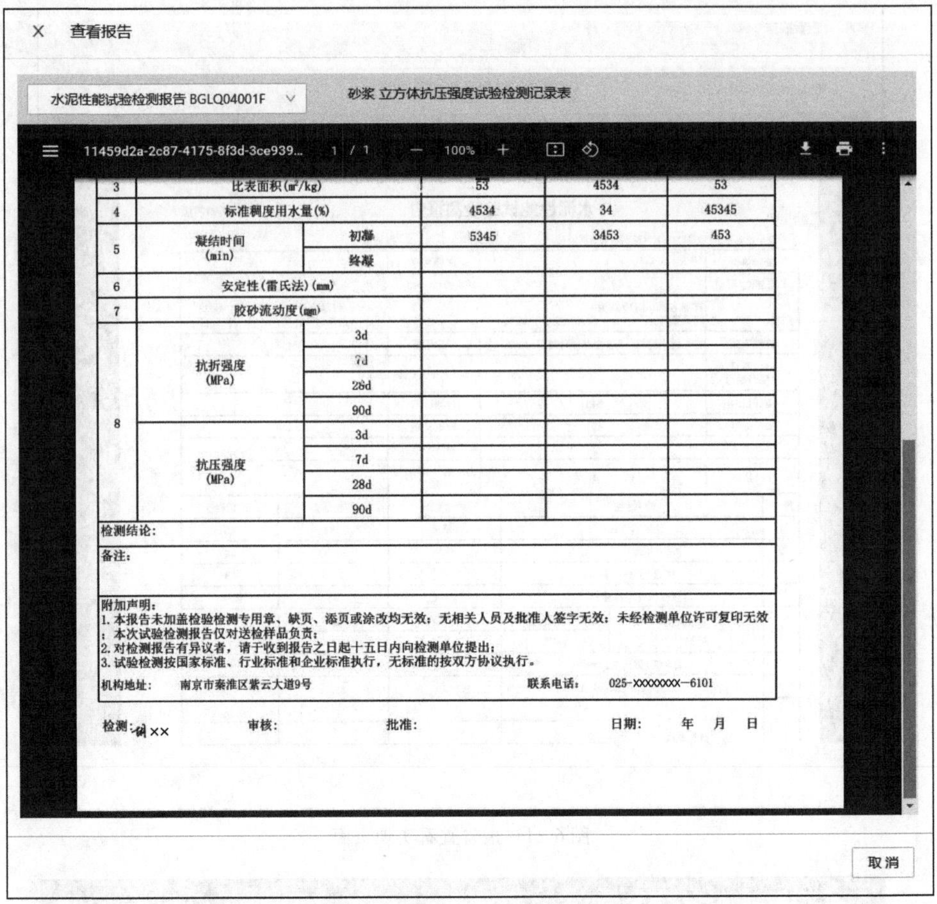

3	比表面积(m^2/kg)		53	4534	53
4	标准稠度用水量(%)		4534	34	45345
5	凝结时间(min)	初凝	5345	3453	453
		终凝			
6	安定性(雷氏法)(mm)				
7	胶砂流动度(mm)				
8	抗折强度(MPa)	3d			
		7d			
		28d			
		90d			
	抗压强度(MPa)	3d			
		7d			
		28d			
		90d			
检测结论:					
备注:					

附加声明:
1. 本报告未加盖检验检测专用章、缺页、添页或涂改均无效;无相关人员及批准人签字无效;未经检测单位许可复印无效;本次试验检测报告仅对送检样品负责;
2. 对检测报告有异议者,请于收到报告之日起十五日内向检测单位提出;
3. 试验检测按国家标准、行业标准和企业标准执行,无标准的按双方协议执行。

机构地址: 南京市秦淮区紫云大道9号　　联系电话: 025-XXXXXXXX-6101

检测: ××　　审核:　　批准:　　日期:　　年　月　日

图 6-26　报告打印预览页面

登录审核员角色用户,进行审核签章,签章完成后,检测报告状态由“待审核”改变为“待批准”,点击“查看记录”,对应签章位置显示印章,“签章”按钮隐藏。

登录复核员角色用户,可继续签章,签章完成后,原始记录状态由“待复核”改变为“已完成”,点击“查看记录”,对应签章位置显示印章,“签章”按钮隐藏。检测报告流程结束,样品流程结束。

4) 台账管理

(1) 设备使用记录

设备使用记录主要记录试验检测设备的使用情况,主要包括设备名称、使用日期、试验项目、使用前状态、使用后状态、使用人等信息。该页面支持查询单台设备的使用记录情况。设备使用台账数据来源于样品登记过程。设备使用记录页面如图 6-27 所示。

(2) 设备维修记录

设备维修记录主要记录试验检测设备的维修数据,主要包括故障发生时间、故障发生原因、维修情况描述、维修后状况、维修人、维修日期等。该页面支持通过维修人查询设备维修记录。维修数据需要在设备维修过程中进行登记。设备维修记录页面如图 6-28 所示。

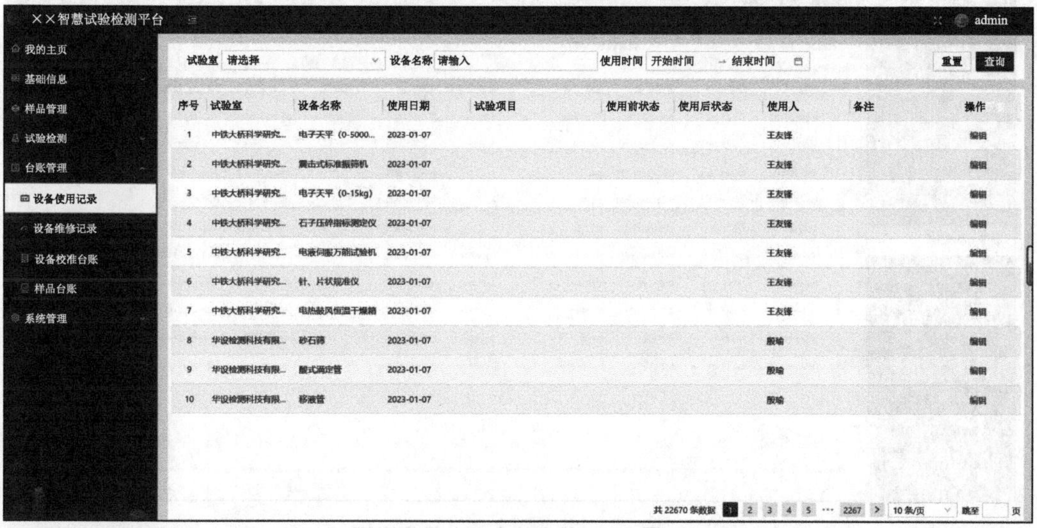

图 6-27　设备使用记录页面

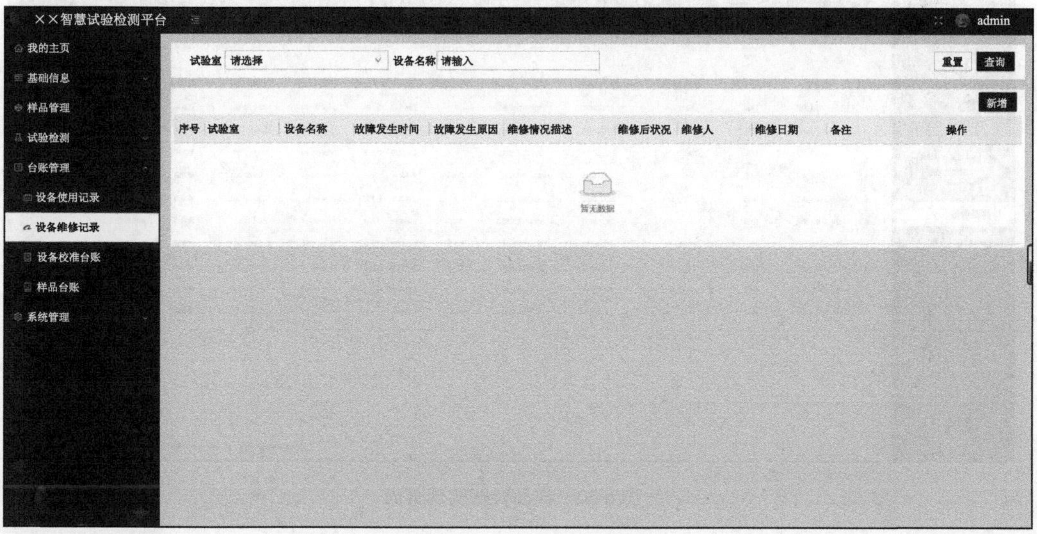

图 6-28　设备维修记录页面

（3）设备校准台账

设备校准台账主要记录试验检测设备校准信息，主要包括设备编号、设备名称、规格型号、准确度等级、生产厂家、检定单位、检定日期、有效日期、鉴定结果等。支持查询单台设备的校准记录，相关数据来源于基础信息中的设备管理。设备校准台账页面如图 6-29 所示。

（4）样品台账

样品台账主要记录试验检测样品记录，主要包括设备名称、规格型号、批号编号、生产厂家、代表数量、工程安全部位、进场日期、取样日期、取样人等信息。样品台账数据来源于样品登记。样品台账页面如图 6-30 所示。

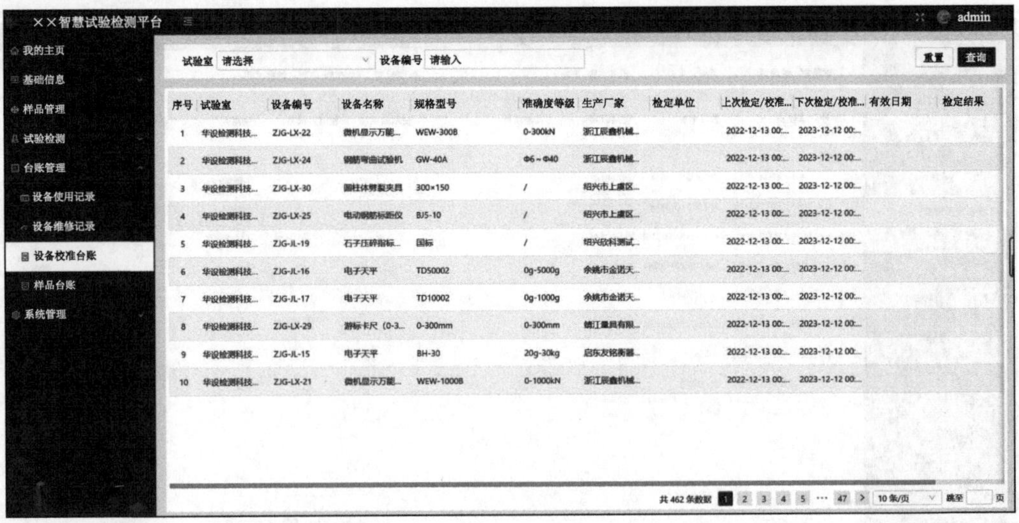

图 6-29　设备校准台账实现页面

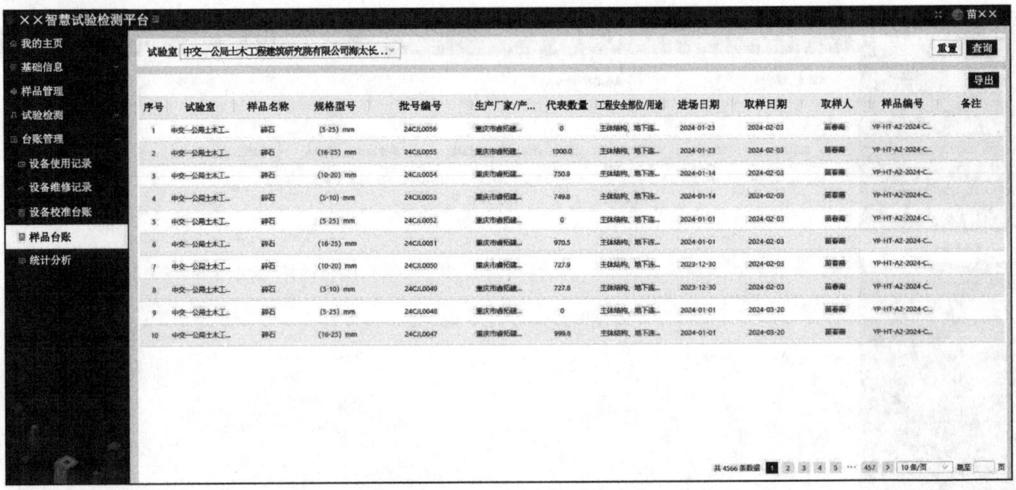

图 6-30　样品台账实现页面

5)系统管理

(1)用户管理

用户管理用于对参与系统应用的人员进行管理,同时对人员的权限进行设置,主要包括添加、修改、删除人员信息户等功能主界面如图,点击“新增账号”,录入用户名、昵称、角色、试验室等必填信息,点击确认配置新的账号。用户管理页面如图 6-31 所示。

(2)角色管理

角色管理用于配置用户权限,根据实际需要设置超级管理员、接样员、普通角色、检测员、复核员、部门历史 OA、审核员、测试角色、签发员、报告打印员、收费开票员、管理员等角色信息。通过操作栏中的编辑、授权和删除可对任一角色的信息和权限进行修改。点击“新增”按钮可添加新的角色,同一账号可分配多个角色。角色管理页面如图 6-32 所示。

图 6-31　用户管理页面

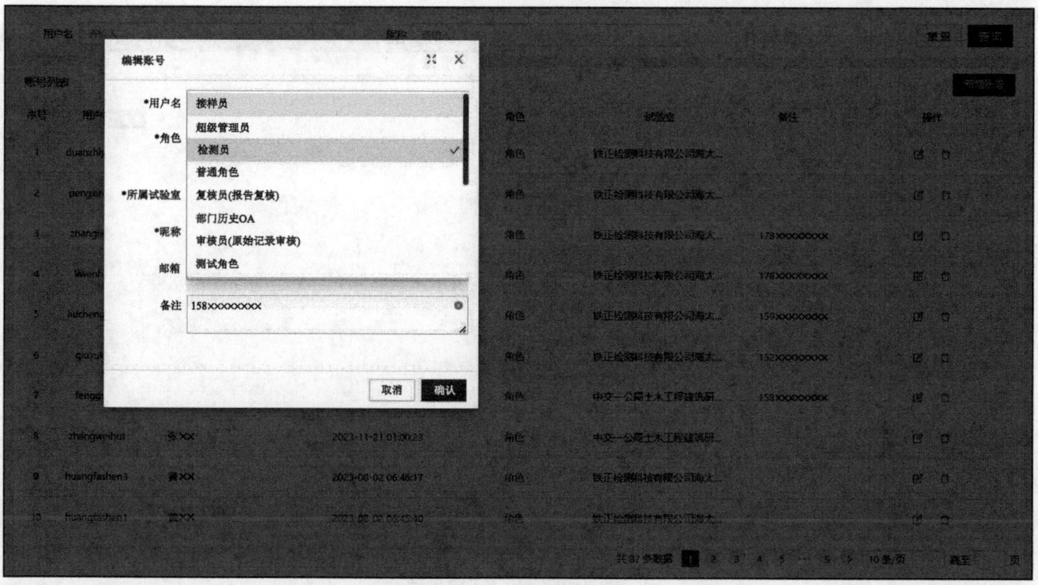

图 6-32　角色管理页面

(3)菜单管理

菜单管理主要用于管理系统功能菜单，可以对菜单名称、图标、路由、组件、排序及状态进行维护管理，可以启用和关停系统任意一个功能应用，并可编辑和删除任一功能菜单。点击“新增菜单”按钮，录入菜单名称、上级菜单、排序、图标等信息，点击确认添加新的功能菜单。菜单管理页面如图 6-33 所示。

(4)部门管理

部门管理主要对试验室进行维护管理，可根据需要启用和关停试验室，并可以添加新的试验室；点击“新增试验室”，录入试验室名称、上级试验室、排序及状态后，点击“确认”即可添加新的试验室。部门管理页面如图 6-34 所示。

图6-33　菜单管理页面

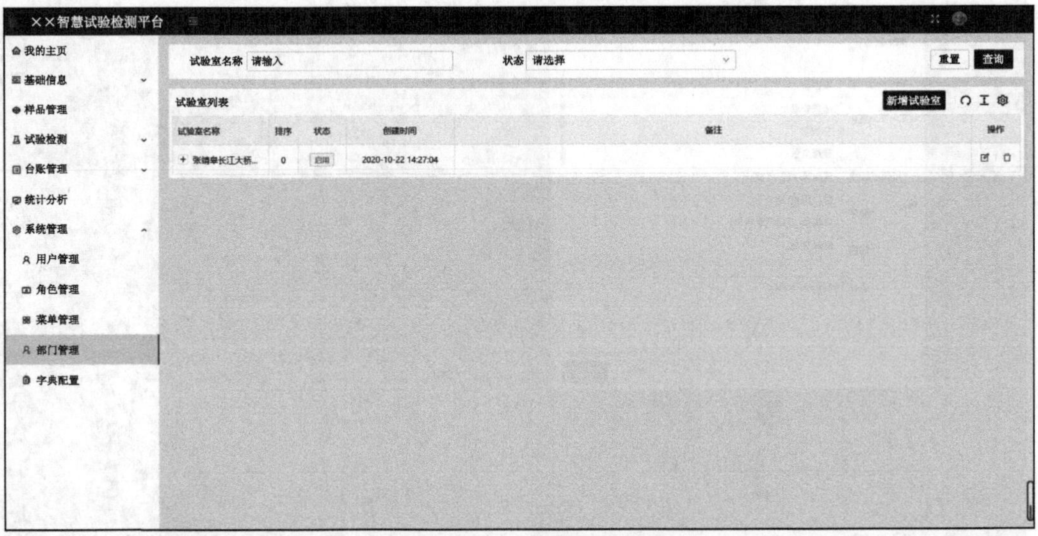

图6-34　部门管理页面

6.1.3　创新性技术

根据公路工程建设的特点，对路基、路面、桥涵结构物等实体工程及原材料检测参数进行调研研究，梳理出实际工程中质量控制环节的关键参数，并对这些参数所使用设备现有信息化程度进行分析，总结出可通过智能改造实现自动获取试验检测参数见表6-1。

检测数据智能采集接口列表　　表6-1

序号	检测类别	检测参数	检测设备
1	力学类	钢筋拉伸、弯曲强度	抗折抗压一体试验机
2		土工合成材料拉伸强度	万能试验机

续上表

序号	检测类别	检测参数	检测设备
3	力学类	波纹管拉伸强度	万能试验机
4		水泥试块强度	压力机
5	现场类	压实度(灌砂法)	1g、0.1g、0.01g 电子天平
6		尺寸测量	激光测距仪
7		钢筋保护层厚度	钢筋保护层厚度测定仪
8		混凝土强度	回弹仪
9		平整度	八轮仪
10	环境类	温湿度	温湿度计

1)智慧试验检测系统运行环境

(1)服务端支持:Windows Server、CentOS Linux。

(2)Web 服务器:使用 Nginx。

(3)浏览器支持:Web 端支持 Chrome、360、Microsoft Edge 和 Firefox 等主流浏览器。

(4)数据库:Oracle 19c。

(5)开发工具:IntelliJ IDEA 2021、Visual Studio Code。

(6)缓存数据库:Redis。

(7)智能试验检测设备物联网改造。

2)基于蓝牙技术的试验检测设备改造

通过对现场检测中的钢筋保护层厚度测定仪进行无线传输硬件改造,实现现场检测中钢筋保护层厚度的自动上传。

根据初期资料调研,现有电子钢筋保护层厚度测定仪器都具有数据存储模块,在钢筋保护层厚度测定仪器安装蓝牙收发模块即可实现钢筋保护层厚度数据的无线上传。钢筋保护层厚度测定仪器如图 6-35 所示。

通过对钢筋保护层厚度测定仪器的串口改装,在串口接口处暗转蓝牙传输装置,并在上位机(电脑、手机端)开发数据解析程序,对相关数据字段进行标准化转换即可实现数据的自动采集。

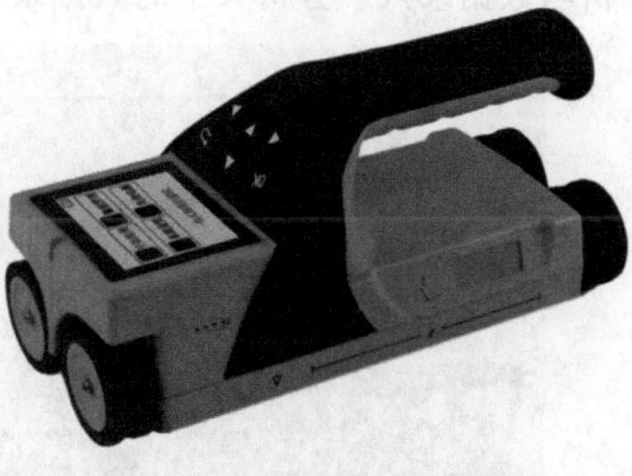

图 6-35　钢筋保护层厚度测定仪器

3)基于数据对接的试验检测设备改造

现有检测设备厂商大多采用微机控制方法实现检测数据的结构化存储与信息传输,所以只需通过与设备厂商的数据技术对接,直接获取微机控制的检测设备的数据库相关字段,并在设备控制器中部署通信程序,安装 DTU 硬件模块,即可实现数据的自动上传。

通过对试验检测设备厂家调研,确定智慧检测设备的种类、数据类型与接口。利用 http + json、webservice、数据透传等技术手段实现对试验设备的有效改造,采用包括安装各类传感器及访问现有软件接口的方式对工程质量数据进行实时采集。根据不同数据类型制订相应的传输协议及接口访问方案，利用连续数列表示项目编码、机构类型、试验日期、合同标段及试验数据等关键信息，编制相应程序为后续的管理及分析提供数据基础。

根据资料与厂商技术调研，现有的检测仪器中，万能试验机、压力机等采用微机控制方式，且具有数据库存储单位，需进一步与设备厂商进行技术对接实现数据的自动上传。

根据初期技术调研，部分检测设备的检测数据处理方式并没有通过数据库进行数据存储，而是通过微机控制器的串口将检测传感器产生的数据流传输到打印机进行检测结果打印。数据流具有时效性，无法对检测数据进行有效的存储，因此需要对检测设备的端口进行改造。

一般检测设备的打印机设备以 DB-25 居多，可以采用 SPP 模式。SPP 模式是最基本的工作模式，异步、字节单向传输，数据率在 50～150KB/s 范围内；监测机不断侦听并口，一旦有中断触发信号到达，则调用相应的中断处理程序，从并口中读取数据。

在检测设备的安装通信设备，通过母体试验室或工地试验室的局域网将数据传输至服务器中，在服务器安装上位机监控软件，一旦有数据包到达，立即接收并将其解析，对数据进行清洗规约后，将检测结果写入试验检测信息化平台数据库中。下面分别以电子天平、渗水系数仪、温（湿）度计为例对试验室物联网检测数据接口设计进行阐述。

（1）电子天平

根据目前母体试验室的设备调研结果，沥青混合料类、集料类、矿粉类的电子天平产品使用的是德国赛多利斯生产的分析天平，根据厂家提供的说明书，该类天平未提供数据库存储单元，只提供了 RS232 串口接口。在使用电子天平称量时，可以实时获取称量结果并上传到系统中，不仅节省了记录时间，更能保证数据的准确性和真实性。

本分项主要研究通过 RS232 将电子天平接线至 DTU 设备，通过母体试验室或工地试验室的局域网上传至服务器中，由服务器中的上位机程序根据 RS232 的通信协议对数据流进行解析与数据录入。分析天平的数据录入过程如图 6-36 所示。

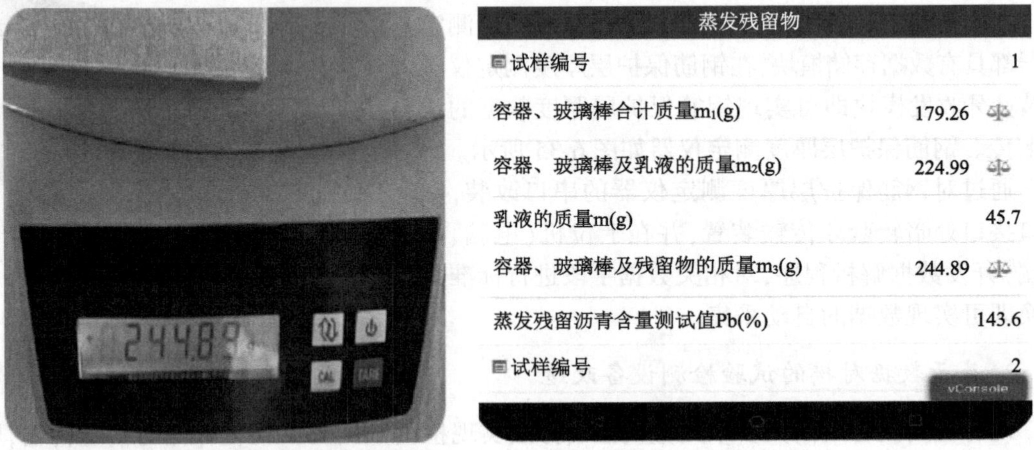

图 6-36　分析天平的数据录入过程

（2）渗水系数仪

渗水系数仪主要用于测定沥青混合料试件、沥青路面及其他多孔介质材料的渗水系数。传统方法需人工反复读数测定，目前市面已经出现电子读数与计算的渗水系数仪，需进一步对电子渗水系数仪进行改装,实现路面现场渗水系数的自动上传。智慧型渗水系数仪选用直动式电磁阀,其具有体型小、通电零压启动、弹簧复位关闭的特点;同时,选用正齿轮流量计,可精密地连续或间断地测量管道中液体流量或瞬间流量。智慧型渗水系数仪能够在点击开始后自动监控液体流量,并在试验完成后自动关闭、自动上传试验数据,实现真正的智能一体化功能。

本分项需要对电子渗水系数仪进行改装,读取正齿轮流量计的管道中液体流量或瞬间流量,将传感器的串口输出到 DTU(无线终端设备)单元,DTU 单元负责将传感器数据包装成数据帧传输到数据库中进行存储。渗水系数仪的结构图和实物图分别如图 6-37、图 6-38 所示。

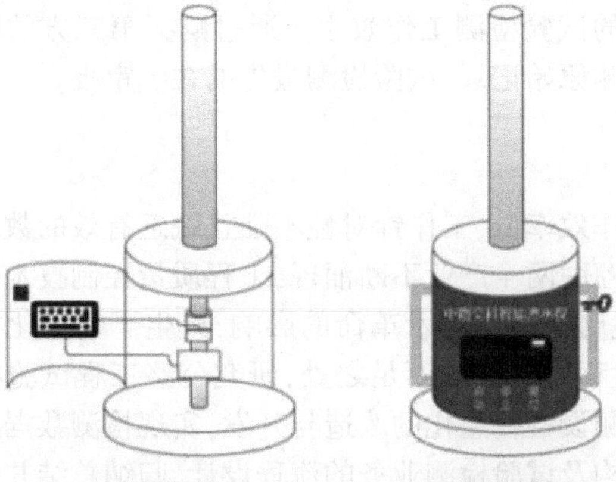

a)内部结构　　b)外部结构

图 6-37　渗水系数仪结构图

图 6-38　渗水系数仪实物图

(3)温湿度计

对环境监测设备进行市场调研,选取无线传输或者 4G、5G 传输稳定的产品进行智慧化改造。将选中的环境监测设备与房间、仪器设备相连,通过实时传输,物联网平台将对功能室及设备的温湿度数据进行监测。设定不同功能室、不同养护设备的温湿度上下限值,若超过限值,系统就会及时向相关人员发送预警提示,进行及时干预保证试验环境要求。

本分项需要进行温湿度传感器的接口对接,通过与厂商的技术对接,将厂商的采集数据存储到服务器中。温湿度计实物图如图 6-39 所示。

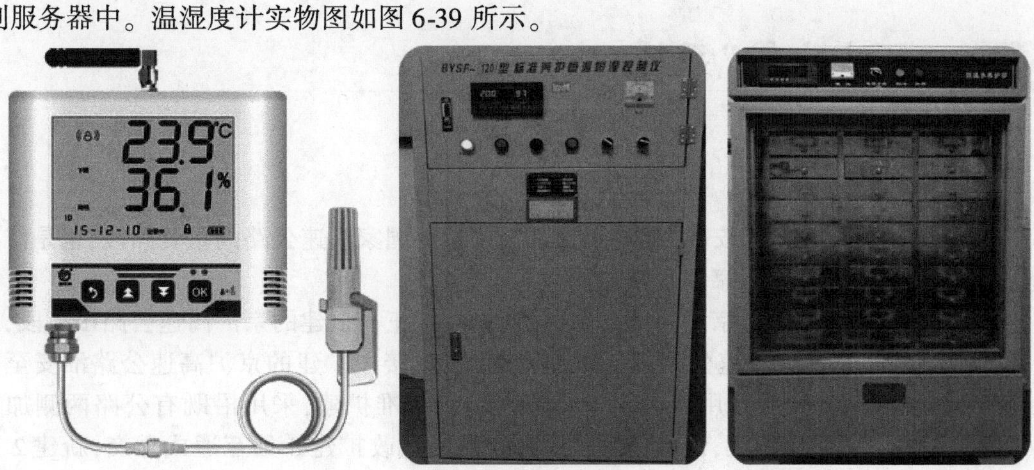

图 6-39　温湿度计实物图

在数据传输和存储的安全性方面，通过调研和咨询相关的物联网安全产品和服务单位，对设备、服务器和网络传输采取相应的安全加密措施，防止数据的丢失和篡改。

4）电子签章在试验检测系统中的应用设计

电子签章是电子签名的一种表现形式，即利用图像处理技术将电子签名操作转化为与纸质文件盖章操作相同的可视效果，同时利用电子签名技术保障电子信息的真实性和完整性以及签名人的不可否认性。在检测业务运行的过程中，许多流程涉及校核、审批、签发、批准等环节，特别是对于试验检测报告或原始记录的流转，利用数字签名能够实现对原始记录、检验结果等的审批和管理，能够较大地提高试验室的试验检测工作效率。通过购买第三方的电子签章服务，实现试验检测系统平台中的试验检测原始记录、试验检测报告的在线审批。

6.1.4 应用效果

常规的公路工程试验检测工作，存在工作效率低、工作针对性不强且缺乏有效的数据分析支撑能力等问题。随着信息化技术的发展，互联网＋产业不断涌现，工程质量控制技术也在向智慧化的方向发展。公路工程试验检测日益受到信息技术革命的影响，产生了智慧化检测的新动力。为解决现有检测手段在质量监督过程中存在的不足之处，研究公路工程试验检测数据的智能化采集，通过对不同应用场景的检测设备智慧化的改造与开发，实现检测数据的实时采集与上传；研究公路工程试验室的组织机构及试验检测业务的流程设计，归纳总结并形成标准化的业务流程，分析系统的业务需求，在此基础上开发公路工程试验检测信息化管理平台，实现公路工程试验检测业务的全流程线上办理。

以智能化的试验检测设备为基础，研究开发公路工程智慧试验室管理系统，形成以数据智能感知＋试验检测管理系统平台模式的公路工程智能试验室，对检测机构而言，不仅能够保证检测数据的真实可靠，杜绝人为因素的干扰，而且能够提高检测机构的工作效率；对于工程建设单位而言，能够实时掌握工程质量信息，及时对工程质量进行预警干预；对于行业主管部门而言，不仅能够完善现有监管手段，还能够真正实现对检测机构全方位的长效性监管，实时动态掌握工程检测数据，促使检测机构提高日常运行规范性，对于提升整个行业的检测工作管理水平具有重要意义。

6.2 “平安守护”系统

6.2.1 工程概况

京沪高速公路新沂至淮安段、淮安至江都段是京沪国家高速公路的重要路段，也是江苏省高速公路网的组成部分在国家和区域路网中居重要地位。

新沂至淮安段路线起自京沪高速公路苏鲁省界，接正在扩建的京沪高速公路山东段，经新沂、沭阳、淮安，止于京沪高速公路王兴枢纽互通北侧，接拟扩建的京沪高速公路淮安至江都段，全长约106.9km。全线采用双向八车道高速公路标准扩建，采用沿既有公路两侧加宽为主、局部分离为辅的扩建方案，设计速度120km/h。全线改扩建8处互通式立交，新建2处互通式立交。原位扩建2处服务区，移位新建1处服务区。本项目概算总投资113.5亿元，全线划分为8个路基桥梁标段,计划工期3.5年。

淮安至江都段路线起自京沪高速公路王兴枢纽互通北侧,接拟扩建的京沪高速公路新沂至淮安段,经淮安、宝应高邮、江都,止于京沪高速公路正谊枢纽互通北侧,向东接正在改扩建的京沪高速公路江都至广陵段,向南顺接在建的五峰山过江通道北接线,全长约152.6km。全线采用双向八车道高速公路标准扩建,采用沿既有公路两侧加宽为主的扩建方案,设计速度120km/h。全线改扩建12处互通式立交,新建3处互通式立交。原位扩建3处服务区本项目概算总投资约199.1亿元,全线划分为11个路基桥梁标段,计划工期3.5年。

项目的实施对于贯彻落实长江经济带战略,提升国家公路大通道的通行能力和服务水平,加强苏北、苏中地区与苏南地区经济联系,促进沿线城市化进程和经济社会协调发展等均具有重要意义。

6.2.2　建设内容框架

本项目施工以路基、路面为主,为适应京沪高速公路沂淮淮江段改扩建工程建设安全管理工作系统化、精细化、智能化的发展需要,压实施工企业安全生产主体责任,建立健全安全生产长效机制,持续提升本质安全水平。京沪高速公路沂淮淮江段改扩建工程指挥部组织升级、研发“平安守护”工程安全管控系统(以下简称“平安守护”系统),努力构建安全管理“智慧网”,打造科技兴安“新高地”。

“平安守护”系统是基于公路工程施工现场安全管理现实需要,充分应用“互联网+安全生产”的技术手段,通过构建多层级管理和全员痕迹化管理,建立涵盖人机管理、风险管控、应急管理、方案管理、隐患排查、经费管理、安全活动、视频监控等一体化的功能模块,实现安全管理动态化、可视化、体系化,压实各级、各部门、各类人员的安全生产责任,为建设、监理、施工等参建单位管理人员决策分析提供数据支撑。京沪高速公路沂淮淮江段改扩建工程“平安守护”系统框架如图6-40所示。

功能分类	功能清单					
安全管理	人员管理	班组管理	设备管理	日常巡查	隐患随手拍	安全大检查
	安全活动	应急管理	安全日记、日志	风险管控	内业资料	危大工程
	安全经费管理	层级追责	安全预警	疫情防控	—	—
监测监控	视频监控	环境监测	特种设备监测	人脸识别	安全帽监测	人员定位
	运输车辆监测	电子围栏	—	—	—	—
日常办公	通讯录	日常考勤	任务管理	罚款审批	工程相册	周计划
	通知公告	项目新闻	会议通知	安全资料库	考核评价	工程专家
综合数据处理	安全管理指数	统计分析	安全导览	GIS中心	N+1责任体系	—

图6-40　京沪高速公路沂淮淮江段改扩建工程“平安守护”系统框架

6.2.3 创新性技术

(1)风控宝

依托本项目建设,开展了基于空间感知的风险管控技术应用,实现了施工过程中针对风险源管控的自动化、智能化。

iBeacon 无线技术模块采用施工现场作业区域危险源信息自动推送的关键技术。接收设备可以通过链接 iBeacon 的通用属性配置服务来恢复价值。iBeacon 无线技术模块不推送通知给接收设备,然而,手机软件可以使用从 iBeacon 无线技术模块接收到的信号来自己推送通知。在布设“危险源智能终端”的项目现场,安全管理人员只要巡查经过危险源区域,便会接收到 App 的消息推送,即可获知附近危险源的详细信息,通过手机查阅检查清单,即时完成全面的隐患排查并上报安全管理系统。风控宝信号连接路径如图 6-41 所示,风控宝应用页面展示如图 6-42 所示。

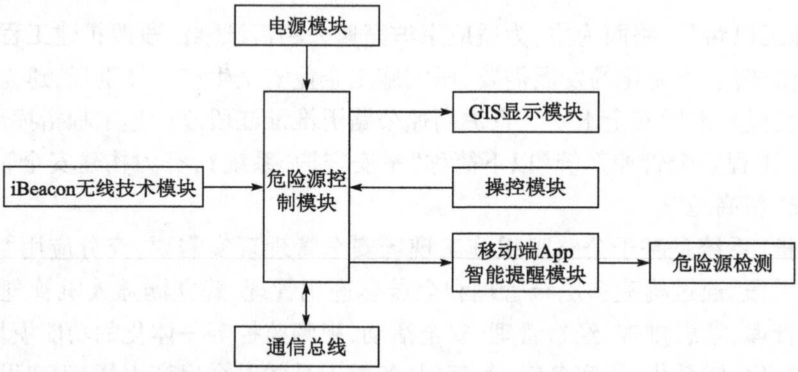

图 6-41 风控宝信号连接路径

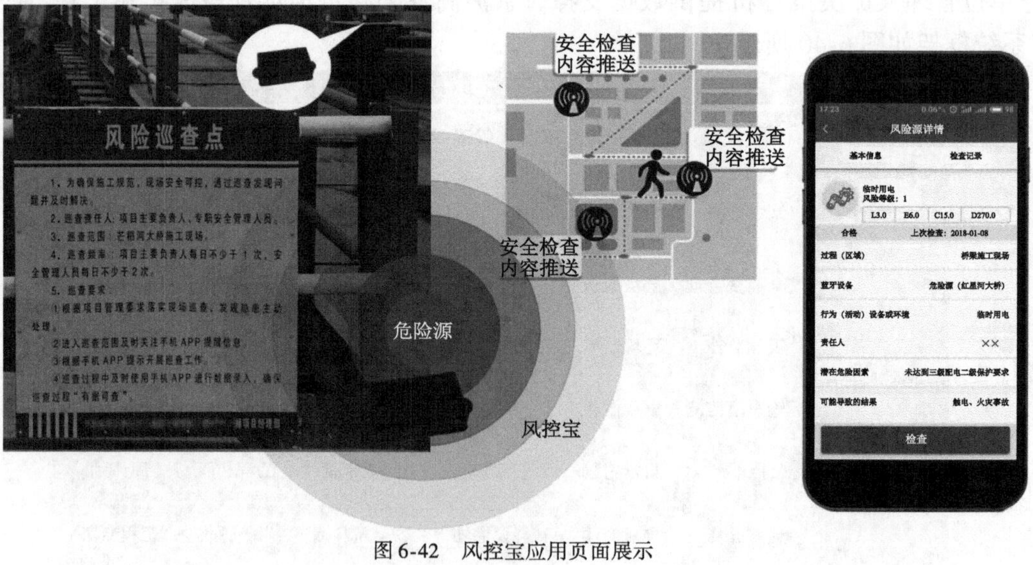

图 6-42 风控宝应用页面展示

(2)层级追责

依托本项目建设,开展了基于全员安全责任的高速公路建设工程层级追究管理系统应用,实现了施工过程中对人员的积分考核管理。

基于全员安全责任的高速公路建设工程层级追究管理系统主要针对高速公路建设项目现场人员进行管理，一旦发现问题，根据问题严重程度对相应的责任人进行跨层级追责。例如，总监办对所辖合同段质量安全问题承担连带监理责任，利用此种方法强化现场管理，限制施工现场不安全行为，同时采取反向激励的措施。对现场人员可进行奖励积分、扣减积分，工人获得的积分可用于线下商品兑换。图 6-43 为工人利用安全积分兑换商品。

图 6-43　工人利用安全积分兑换商品

(3)猫头鹰 AI 人脸识别预警系统

依托本项目建设，开展了基于人脸识别预警技术的系统应用，实现了施工过程中对人员管理、隐患识别等的智能化、信息化。

猫头鹰 AI 人脸识别预警系统包括微主机，以及与微主机连接的人脸图像采集模块、电源模块、通信总线、液晶显示屏、操控模块、预警模块和语音播报模块，其中预警模块还连接有消息推送模块。该系统结构简单，以完善的施工人员身份信息为基础，通过专有图像采集终端，对施工现场进行实时人员脸部图像数据采集与识别，检测在场人员是否按照要求进行进场登记、进场教育；当可疑人员、未登记人员及未教育人员进场时，施工现场会语音播报预警，并将预警信息推送到安全员；当需要查找施工现场人员时，该系统自动对人员进行查找定位，全方位掌控在场人员情况。猫头鹰 AI 系统的连接框架图以及猫头鹰 AI 系统页面展示分别如图 6-44、图 6-45 所示。

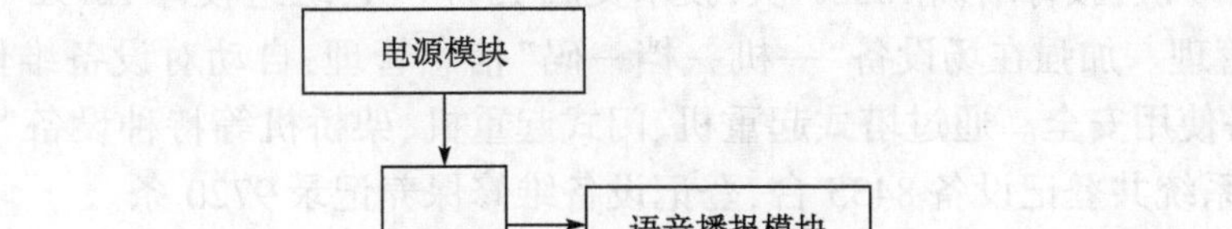

图 6-44　猫头鹰 AI 人脸识别预警系统的连接框架图

图 6-45　猫头鹰 AI 人脸识别预警系统页面展示

6.2.4　应用效果

“平安守护”系统在京沪高速公路沂淮淮江段改扩建工程建设中的应用，全面提升了工程建设的安全管理信息化水平，具体如下：

（1）人员管理。建立全员基础信息库，通过收集人员的身份证、证书、考试、考勤、奖惩等信息，实现“一人一档一码”管理。“平安守护”系统共实名制登记 59603 人，人员档案资料 50603 套。

（2）安全活动。加强教育培训管理，利用指纹、人脸识别等技术对项目开展的安全会议、教育培训、技术交底、班组教育等进行监管，保证安全活动真实、有效。“平安守护”系统共开展安全会议 1346 次，教育培训 15357 次，技术交底 15174 次，班组教育 127924 次。

（3）设备管理。加强在场设备“一机一档一码”信息管理，自动对设备维保检测进行判别提醒，保证设备使用安全。通过塔式起重机、门式起重机、架桥机等特种设备“黑匣子”实时监测运行状况。系统共登记设备 8435 台，登记设备维修保养记录 9720 条。

（4）隐患管理。强化隐患整改闭环管理，通过系统内置的《施工现场安全检查手册》开展安全检查，App 现场拍照、在线提交、线下整改、线上审批，提升检查效率，系统总共巡查 67862 次，发现隐患 32968 条并全部整改完成。

（5）内业资料。压实参建各方落实责任，系统存储更新施工过程中的各类安全管理资料，实现各岗位全过程、全职责的痕迹化管理。“平安守护”系统共上传内业资料 11251 份，提供在线查阅，分权限下载功能，保障资料安全性。

（6）监测监控。“平安守护”系统累计接入三场、试验室、施工现场等地视频监控 564 台，保障项目管理方远程实时观测现场安全情况。

第7章

公路工程智慧工地示范

7.1 公路工程

7.1.1 420省道金湖段

1) 工程概况

420省道金湖段依次穿越前锋镇、吕良镇、金北镇和陈桥镇，总体呈东西走向，全线均为新建，起于金湖县前锋镇镇区北侧的老331省道上，路线顺接规划331省道金湖东段改扩建工程向西延伸，从吕良镇规划镇区范围北侧绕越后左偏并跨越老三河，与247省道(淮金线)交叉，随后从陈桥镇和西气东输刘庄储气站间穿过，继续向西终点处止于金湖与洪泽区界处。项目全长19.220km，施工工期为24个月。路基段全长18.626km，沿线包含1座大桥、8座小桥。

工程特点：

(1) 路基比重大，线路所处平原地区，以填方路基段为主，占比为97%。

(2) 平面交叉保安全，工程沿线多处与现有村道、乡道交叉，控制点多，施工期间需要降低施工车辆对社会车辆和行人的影响。

(3) 新桥距离老桥直线距离为2m，且老桥车辆正常通行，施工期间不能扰动老桥的稳定。

(4) 高填路基防沉降，老三河桥大桥桥头为高填方，填方高度可达7m，临河的淤泥地质容易造成路基沉降。

(5) 露天施工降扬尘，路基填土以黏土为主，需采用石灰利用路拌法进行改性，线路途经多个村庄，施工期间需着重对扬尘的控制。

2) 建设内容框架

本项目施工以路基为主，因此在智慧工地建设方案设计过程中，着重考虑项目特点，侧重于路基路面施工质量过程监管，平面交叉控制点安全管控、施工区域扬尘的控制等。420省道金湖段建设工程智慧工地实施方案，采用1个平台+8个子系统的模式，总功能模块为44个，如图7-1所示。

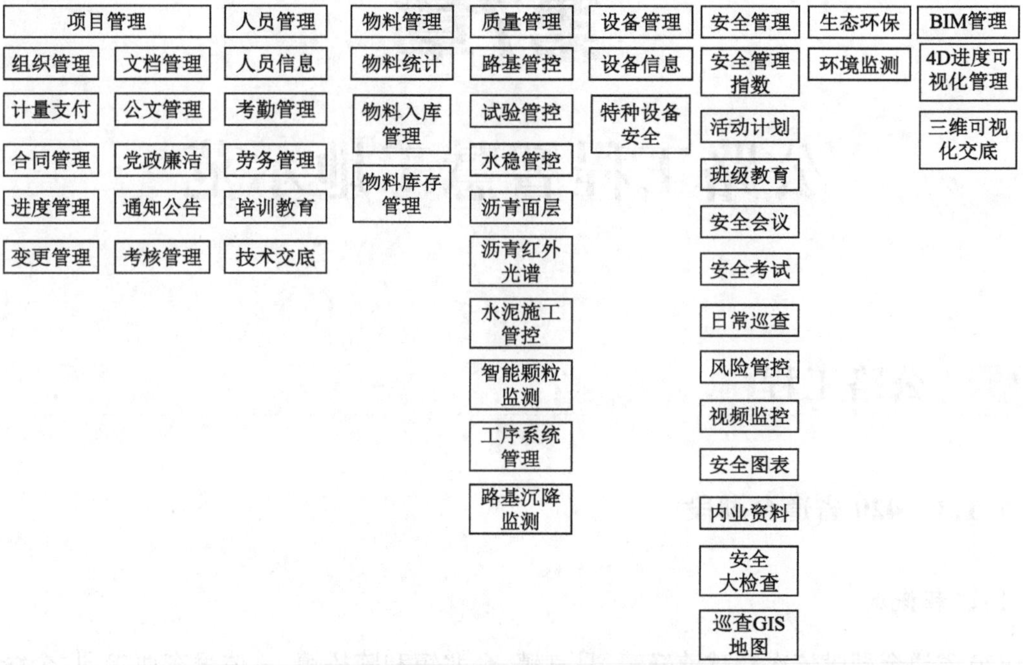

图7-1　420省道金湖段建设工程智慧工地实施方案

420省道金湖段建设工程智慧工地、管理云平台不仅可以直观地展示生产管理、人员管理、设备管理、物料管理、质量管理、生态环保、安全管理等信息，还可以实时动态地反馈项目管理目标的执行情况。420省道金湖段建设工程智慧工地管理云平台如图7-2所示。

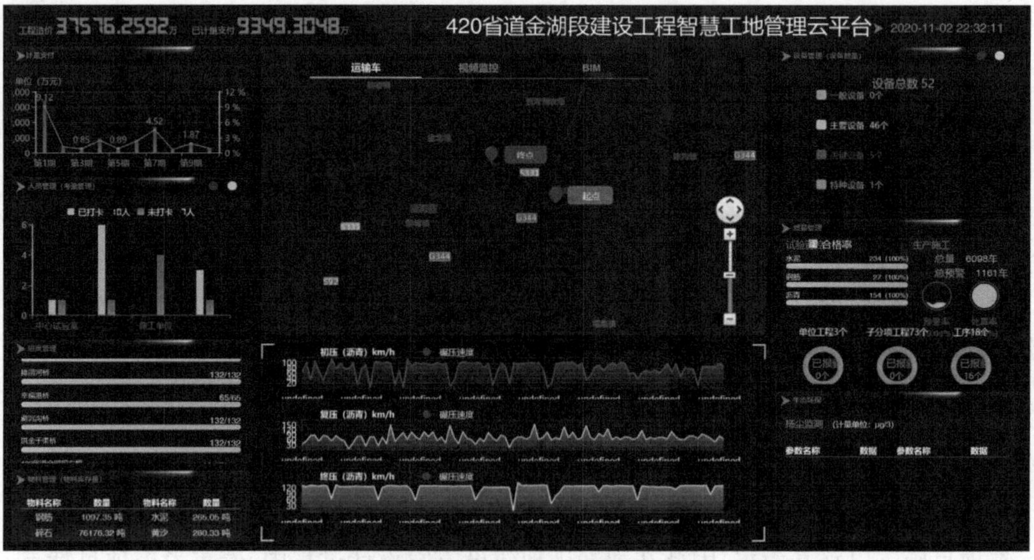

图7-2　420省道金湖段建设工程智慧工地管理云平台

3）创新性技术

依托本项目建设，开展了基于无人驾驶和3D机械控制的路基智能施工技术应用，不仅实现了道路工程路基的自动化、无人化、智能化施工；还利用高精度定位、3D机械自动控制、无人驾驶等技术，为路基施工过程提供无人化、智能化的控制，消除人为因素导致的质量隐患。

建设过程中，对于推土机、平地机，可加装坡度传感器、GNSS接收机、3D控制箱、液压电磁阀、数字电台等，利用安装在铲刀两端的GNSS接收设备，实时采集铲刀的三维位置坐标，通过3D机械控制系统计算同一位置的设计高程和实测高程差值，并驱动铲刀归零，做到路基施工的自动精准整平控制；对于压路机，可加装GNSS接收机、角度传感器、毫米波雷达、转向控制系统、机载电脑等，为压路机提供行驶路径引导与控制信号，控制压路机各系统工作，完成既定的行驶、转向、工作装置等作业任务，实现无人化的碾压作业。3D机械控制无人驾驶如图7-3所示。

图7-3　3D机械控制无人驾驶

基于无人驾驶和3D机械控制的路基智能施工技术适用于公路路基的自动化、智能化、无人化的施工，具有广阔的推广应用前景。路基智能施工技术可减少人员投入，缓解老龄化问题，为疫情防控、复工复产、新基建提供支持，在技术上实现节能减排、提升施工作业效率、节约劳动力；在工程的全生命周期中，由于采用自动化技术，能有效地加强工程施工过程中的质量控制，促进日常生产和施工的规范性，提高工程质量的监管水平，确保公路工程施工质量，对延长工程使用寿命，可降低后期运营养护成本，市场前景广阔。

4）应用效果

智慧工地技术在420省道金湖段建设工程中的应用全面提升工程建设的质量和安全管理水平：

（1）在公文管理方面，共发文39份，传阅908次。

（2）在人员管理方面，档案信息施工录入58份、监理录入7份、业主录入5份、中心试验室录入2份。系统共设置17人参与考勤，包含监理单位7人、施工单位4人、中心试验室2人、指挥部4人。

（3）在设备管理方面，系统记录了进场设备为52个、出场设备28个，实现了现场设备的统一管理，做到进出场有序，设备在案监管。

（4）在安全管理方面，系统通过App拍照巡查、在线提交、线下整改、线上审批完成日常安全的巡检，总共巡查250次，有效消除了现场的安全隐患；开展安全大检查19次，发现问题数

54 个,安全大检达到了对施工作业区安全工作的摸底目的,增强了管理人员的安全意识。

(5)在物料管理方面,累计统计出水泥库存 265.05t、黄沙库存 280.33t、外加剂库存 75.45t、碎石库存 20928.01t、钢筋库存 1097.35t。

(6)在质量管理方面,沥青路面上面层总产量 1.19 万 t,总盘数 2995,预警盘数/预警率 57(1.9%);下面层总产量 4.55 万 t,总盘数 11432,预警盘数/预警率 1745(15.26%)。

(7)在试验管理方面,对施工单位与监理单位的力学试验机(包括水泥抗压抗折试验机、万能试验机、压力机)进行试验管控,各试验合格率 100%。

7.1.2 连宿高速

1)工程概况

连宿高速(连云港—宿迁高速公路),是江苏高速公路网中的第二横,起点江苏省连云港市徐圩港区,经灌云县、沭阳县、宿豫区,终点宿迁市。这条高速已经进入前期启动阶段,设计总长度约 140km,建成连宿高速后两地居民往来将不需要再绕道连霍高速和新扬高速,直达最快只需 70min。连宿高速的通车将可以让宿迁拥有便捷的出海口徐圩港区。连宿高速将串联 G15 沈海高速、G25 长深高速,规划中的 S27 临盐高速(临沂—盐城高速公路)、G2 京沪高速和 S49 新扬高速等。另外,还将和多条国省干线相通,对于完善连云港和宿迁的城市交通发展有着重大作用。

为提升建设项目管理信息化水平,充分利用 BIM 技术、“互联网 +”、物联网技术、移动平台等信息化科技手段,推进“智慧工地”建设,实现“智慧建造”,创建“平安工地”,为建设“品质工程”提供有力支撑。依托智慧工地管理云平台和 BIM 建设,创新工程管理模式,实现工程建设与工程管理的标准化、可视化、数字化、智能化,实现物联网数据的实时收集、分析、预警,加强对施工现场的实时管控,将连宿高速打造成颇具代表意义的品质连宿、平安连宿、绿色连宿、智慧连宿、科创连宿、廉洁连宿。

2)建设内容框架

连宿高速项目的建设内容主要围绕综合管理、人员管理、设备管理、物料管理、质量管理等各大模块建设来展开,见表 7-1。

连宿高速项目建设内容　　表 7-1

项目名称	序号	建设内容	单位	数量
连宿高速公路徐圩至灌段智慧工地管理平台	1	综合管理		
	1.1	项目会议	套	1
	1.2	项目管理	套	1
	1.3	竣工文控管理	套	1
	1.4	OA 办公	套	1
	1.5	科技创新	套	1
	1.6	月度进度上报	套	1
	1.7	季度计划	套	1

续上表

项目名称	序号	建设内容	单位	数量
连宿高速公路徐圩至灌段智慧工地管理平台	1.8	BIM 数据中心	套	1
	1.9	公文管理	套	1
	2	人员管理		
	2.1	人员档案管理	套	1
	2.2	履约人员考勤管理	套	1
	2.3	劳务人员管理	套	1
	2.4	班前教育	套	1
	2.5	培训教育	套	1
	2.6	技术交底	套	1
	3	物料管理		
	3.1	物料入库管理	套	1
	3.2	物料库存管理	套	1
	3.3	物料领用与归还	套	1
	3.4	物料统计	套	1
	4	设备管理		
	4.1	设备信息	套	1
	4.2	特种设备管理	套	1
	5	环保管理		
	5.1	降尘设备	套	1
	5.2	生态环保	套	1
	5.3	车辆冲洗抓拍	套	1
	5.4	土壤监测	套	1
	6	质量管理		
	6.1	试验管控	套	1
	6.2	软基监测管控	套	1
	6.3	水泥混凝土生产管控	套	1
	6.4	智能张拉管控	套	1
	6.5	智能压浆管控	套	1
	6.6	质量巡查	套	1
	6.7	标养室监测	套	1
	7	安全管理		
	7.1	视频监控	套	1
	7.2	VR 在线体验	套	1
	7.3	安全管理指数	套	1
	7.4	日常巡查	套	1
	7.5	安全大检查	套	1

续上表

项目名称	序号	建设内容	单位	数量
连宿高速公路徐圩至灌段智慧工地管理平台	7.6	巡查GIS地图	套	1
	7.7	风险管控	套	1
	7.8	内页资料	套	1
	7.9	危大工程	套	1
	7.10	现场应急管理	套	1
	7.11	安全专项管理	套	1
	7.12	隐患排查	套	1
	7.13	安全活动	套	1
	8	进度管理		
	8.1	月度进度上报	套	1
	9	合同管理		
	9.1	合同信息	套	1
	9.2	合同变更	套	1
	9.3	计量支付	套	1
	10	党功能总支		
	10.1	工程党建一张图	套	1
	10.2	党员情况	套	1
	10.3	廉政建设	套	1
	10.4	宣传报道	套	1
	10.5	学习交流	套	1
	10.6	大事记	套	1
	10.7	重要会议	套	1
	10.8	重大活动	套	1
	10.9	领导检查	套	1
	11	工地管家系统		
	11.1	工序报验	套	1

3)创新性技术

依托本项目建设,在总体框架方面,本平台采用业界比较成熟的J2EE体系结构,基于B/S(浏览器/服务器)分布式模式,使得本系统具有跨平台特性。J2EE体系结构与传统的互联网应用程序模型相比,其利用Java平台,简化诸多与多层组织解决方案的开发、部署和管理相关的复杂问题。核心Java平台的标准版就是J2EE技术的基础,J2EE不仅巩固了Java标准版中的许多优点,还全面支持EJB(Enterprise JavaBeans)、Java Servlets API、JSP(Java Server Pages)以及XML等相关技术。

在企业版中增加的一整套核心企业级应用程序编程界面均为标准的模块化组件。J2EE技术为这类模块化组件提供一整套的企业级服务，利用自动化的方式完成在应用程序开发过程中的很多费时费力的工作，为使用者提供了一种无须进行复杂编程便可创建企业级解决方案的平台。通过这一优势便能开发出高品质的、适合各类组织使用的操作程序，还可大幅度减少系统研发时间、成本及风险。

J2EE 体系结构是一个多层的、端到端的解决方案，这个系统结构横跨客户层到表示层、商业逻辑层，最终到达数据访问层。J2EE 体系结构将一个企业应用程序分隔为表示层、商业逻辑和数据层，这些层被映射到 J2EE 体系结构实现中处理特定功能的不同的层次。图 7-4 为 J2EE 体系系统结构图。

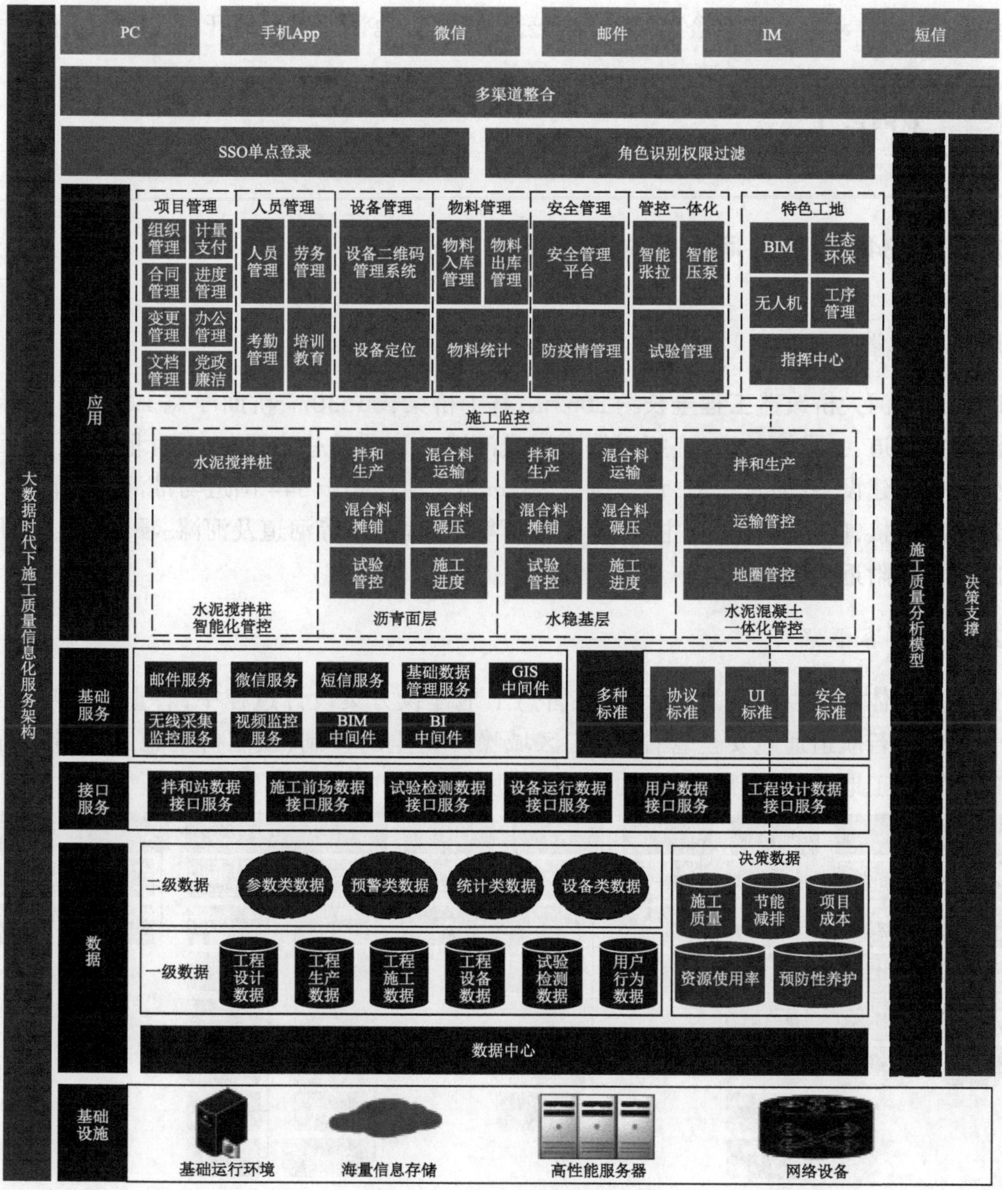

图 7-4　J2EE 体系系统结构图

4)应用效果

目前该项目已完成连宿高速公路徐圩至灌云段智慧工地管理系统开发、软件测试或调试、项目接入、系统维护、系统升级等约定任务,并提供相关交付成果材料,符合相关规范规定,项目已具备验收条件。

为保证本工程质量,系统维护阶段,积极响应建设单位的要求及项目需求,派遣相关技术人员提供远程服务支持(包括热线电话支持、远程服务支持、电子邮件支持等),必要时到达项目现场进行维护、业务操作指导及用户培训工作,对建设单位提出的改善功能的需求,立即提交完成时间表并按时完成并交付。我们将继续围绕"降本增效"的目标,在服务期内不断完善优化系统,积极推动连宿高速公路徐圩至灌云段智慧工地管理系统的开发与应用工作。

7.2 桥梁工程

7.2.1 344 国道淮河大桥改造工程

1)工程概况

盱眙县淮河大桥改造工程全长约2063m,其中桥梁长1530m,桥面净宽12.5m。桥梁依次跨越淮河主航道、二淮河航道、扁担河等河道及河滩。该项目总体呈东南-西北走向,项目采用一级公路标准建设,双向六车道,设计速度80km/h。项目起于344国道与淮河路平面交叉处,与山口门段顺接,向西北跨淮河主航道、二淮河航道、扁担河等河道及河滩,项目终点位于淮河镇镇区大洲路附近。

2)建设内容框架

该项目主体结构以桥梁为主,因此在智慧工地建设方案设计过程中,着重考虑项目特点,侧重于老桥通行航道通航安全管控、施工区域噪声扬尘的控制、预制桥梁施工质量过程监管等。BIM智慧工地建设平台总体架构如图7-5所示。

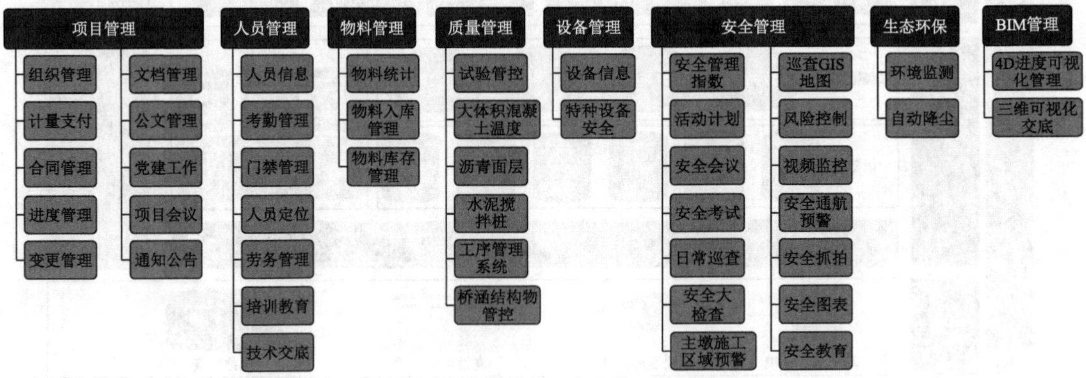

图7-5 BIM智慧工地建设平台总体架构

3）创新性技术

通过BIM、水泥混凝土拌和站智能管控系统和智慧梁场等信息化手段，实时动态地反馈桥梁施工质量及进度状况。

（1）BIM信息管理平台主要功能包括：

①提供BIM信息交换接口，实现BIM的导入、导出功能。

②提供BIM浏览展示能力。

打开BIM信息管理平台，会同时展现本项目基于无人机倾斜摄影测量数据的BIM＋实景模型成果展示，并且可以拖动模型选择查看，可以挂接360°全景数据、图片、视频、监控等以及实际的地理坐标位置。通过点击提前做好的标签，可以查询到具体的某一座特大桥的工程进度；通过饼图以及折线图，进行数据分析以及查询。模型在主页可以自由旋转。缩小整个模型可以看到整个项目全貌以及地图的全貌。对于不同标段的项目部，BIM信息管理平台对他们赋予不同的权限，他们仅仅可以对属于相关标段的信息进行查询、编辑以及修改等。

（2）水泥混凝土拌和站智能管控

在水泥混凝土拌和环节，通过传感器和控制器对集料用量、水泥剂量、外加剂用量、用水量、拌和时间、水胶比等关键数据进行实时采集、传输、分析和存储。系统同时提供智能预警和统计分析机制，能够有效监控拌和站生产过程中质量波动，并定期进行生产工作总结。手机App和电脑客户端可同步查询。

（3）预制梁浇筑追溯管控

水泥混凝土浇筑追溯模块通过RFID识别技术，能够准确识别车辆信息、运输信息及混凝土浇筑位置等多重信息，实现混凝土浇筑位置与生产数据相对应，使得混凝土浇筑质量问题可追溯。拌和信息溯源如图7-6所示。

（4）预制梁浇筑布料及振捣管控

系统自动采集布料开始时间、结束时间、布料次数、布料重量以及振捣开始时间、振捣结束时间、振捣次数等信息，并提供数据汇总功能，管理人员可通过手机App和电脑客户端直接查看布料及振捣结果（图7-7、图7-8）。

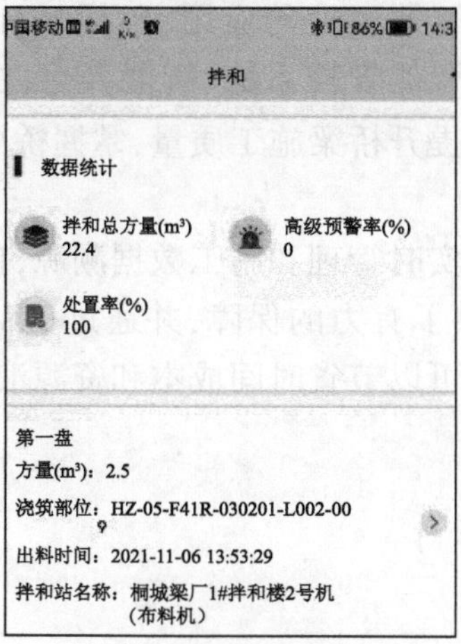

图7-6　拌和信息溯源

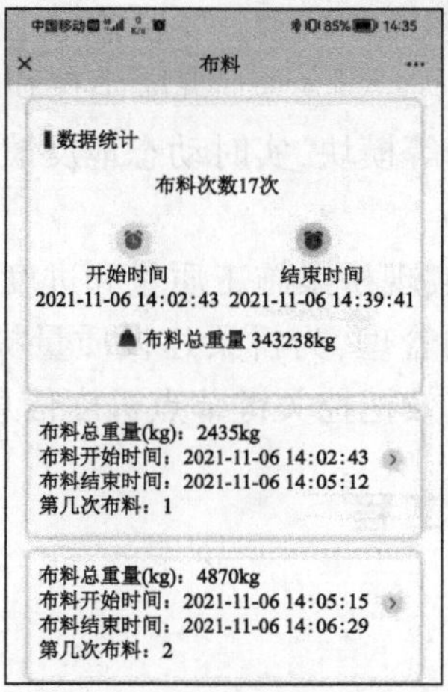

图7-7　预制梁布料信息查询

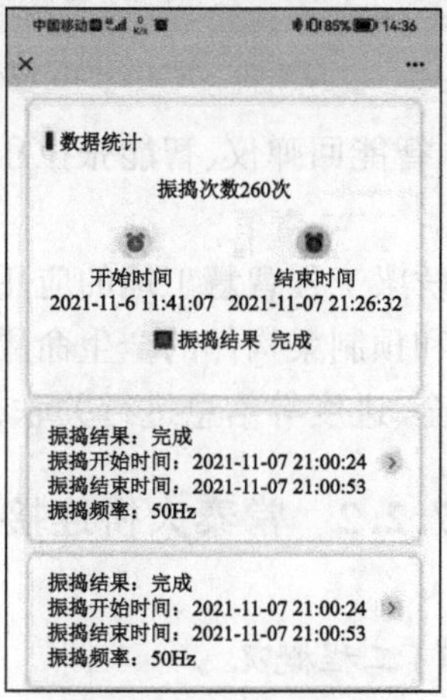

图7-8　预制梁振捣信息查询

(5)桥梁二维码

针对本项目新建桥梁结构类型不一的特点,研究采用二维码方式实现预制梁构件身份信息智能管控。将每个构件名称、规格、原材料的来源及混凝土配合比、成型时间、养生时间、出场时间以及构件设计、施工、检测、参建单位、参建人员等信息数据编入二维码并固定在构件物上,手机扫描二维码可直接获取构件信息,可实现对构件的缺陷、后期维护等工作全过程追踪(图7-9)。

图7-9　桥梁二维码管理

(6)智能回弹仪

利用智能回弹仪采样时可通过蓝牙传输数据到智能手机或其他移动端(图7-10);手机App软件可快速输入或下载监测信息,并将采集到的回弹值、现场照片等检测信息实时上传;系统对检测数据自动分析,并自动生成检测报告,用户可通过系统实时查看或下载检测数据,进行报告编辑。

图7-10　智能回弹仪检测

4)应用效果

桥梁工程智慧工地的应用,包括BIM、水泥混凝土拌和站智能管控系统、智能养生、桥梁二维码、智能回弹仪、智能张拉压降等模块,实时动态地反馈并提升桥梁施工质量,掌握桥梁施工进度。

桥梁工程智慧工地的应用,实现桥梁施工质量和进度的实时管理和施工数据溯源,包括混凝土和预制梁构件的全生命周期管理,为桥梁建设质量提供了有力的保障,并通过BIM对施工安全、进度等信息进行关联,有效把控关键节点进度信息,可以节省时间成本和资源浪费。

7.2.2　常泰大桥连接线工程

1)工程概况

常泰大桥项目节段梁预制场选用原高资预制厂,其位于镇江市丹徒区高资镇,紧邻长江,设有专用提梁码头，码头起重能力为200t。原梁厂共设置4条生产线，36个预制台座（含6个备用台座）。场地生产区主要分为钢筋供应区、钢筋绑扎区、预制区、养护修整区、存放区、出运区等。

目前，高资预制厂总体情况良好，各起重设备及机具功能正常，预制区受力基础无明显沉降，总体满足使用需要。根据常泰大桥南引桥CZ1标节段梁具体构造，直接使用原梁厂钢筋加工场及拌和站，保留原有生产线总体布置及主要起重设备（生产线所有龙门），在梁厂原有台座基础上进行我项目节段梁模板的布置与安装。

梁厂前期投入3条生产线，其中1号生产线生产2m高速公路梁、3m高速公路梁及一级公路梁，2号生产线生产铁路梁、3m高速公路梁，3号生产线生产2m高速公路梁，4号生产线作为备用生产线，具体模板分配情况如图7-11所示。

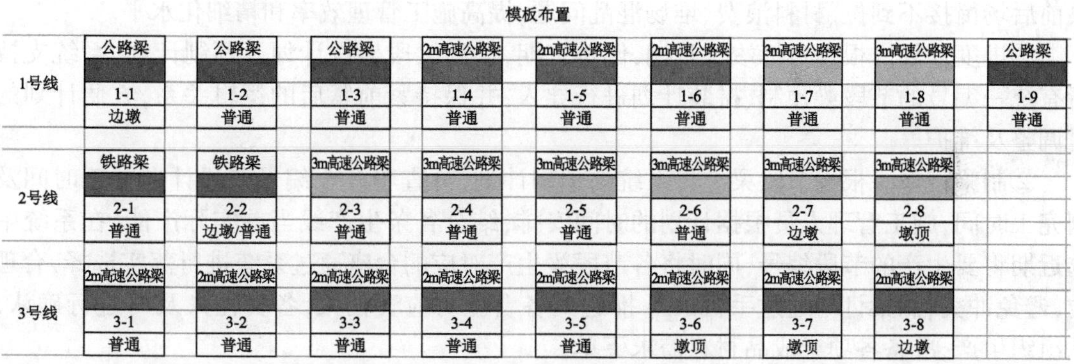

图7-11　节段梁台座分配示意图（25个台座）

预制厂总平面布置合理使用现有场地，根据预制厂实际情况按照常泰大桥南引桥建设标准和《中交一公局第二工程有限公司标准化指南》《江苏省高速公路标准化指南》《江苏省高速公路三厂一部建设要求》，对节段梁预制厂厂区内的所有施工区域内（包括预制区、钢筋加工集中配送中心、钢筋胎架绑扎区、修整养护区、存梁区、拌和站、办公生活区等）的施工设施以及品质工程信息化管理系统进行重新改造升级，按照高标准、高要求打造常泰大桥节段梁预制厂品质工程。

2）建设内容框架

本项目分为以下模块进行建设。

（1）主要模块建设

①生产管理。以生产为主线，以BIM为基础，实时展示预制厂生产状态、智能仓储状态，实现真正意义上的用BIM指导现场生产管理，向三维可视化智慧梁厂迈进了坚实的一步。

②智能仓储管理。以BIM、二维码技术为依托，实现预制厂所有梁段智能仓储，为找梁、提梁运输提供智能规划，大大提高了梁段前后场转运效率。

③全过程信息追溯。以生产管理为主线，以二维码及RFID技术为依托，实现预制构件全生命期流程信息追踪，将工序、人员、原材、机械设备等全部信息囊括于智慧梁厂平台。

④进度管控。以进度计划为基准，与实际生产时间进行实时对比分析，延期超过预设期限会对构件延期信息进行预警并定向推送至相关人员，确保预制构件按期生产完成。

⑤质量管理。以工序报验为依托,将构件各质量检查项与构件工序绑定,在施工生产过程中将构件检查项实测值采集至构件,并与设计值进行对比,追踪构件质量问题,保证构件生产质量。

(2)订单式预制生产管理建设

订单式预制生产管理平台通过以进度关键线路为主线,倒排工期,反推节段架设计划、预制计划,合理安排生产线排产。在系统中选梁下单,订单指令分发到各个台座,接收梁段绑扎、浇筑作业任务,同时,系统将各待生产梁段所需半成品材料进行分类型统计,生成各项半成品加工采购计划,相关人员根据计划明细进行加工、采购、仓储、备料等,待预制工区和绑扎工区利用手机 App 下单,接到订单后,按照订单中的型号、数量要求,由后场人员准确、及时地配送到对应工区,形成闭环。实现预制节段现代化的工厂管理,精细生产、精确领料、精准加工,解决前后场衔接不到位、材料浪费、堆场混乱问题,提高施工管理效率和精细化水平。

①进度计划。根据目标竣工日期,倒排工期,得到梁段架设计划及预制计划,系统支持将所有统一编号的节段梁预制、拼装计划进行导入,并保持紧前紧后的逻辑关系,方便计划的及时调整及维护。

②制梁订单。根据节段梁上传系统的预制计划,可查看各个编号节段计划开工时间及计划完工时间,施工管理人员根据计划的时间安排,结合各条生产线当前实际产能,在系统中点选近期将要生产的节段编号,同时将各节段梁生产对应的台座通过系统进行落实选择,合理占位,避免冲突,制梁订单通过手机 App 推送到各台座对应责任人,各责任人及时进行确认,开始组织生产,准备各项半成品材料需求下单。

③半成品分析生成加工采购计划。施工管理人员在系统中确认“制梁订单”后,系统会根据选择的梁段类型,自动分析统计生产本次订单中梁段所需要的所有半成品材料的规格、型号、尺寸、数量,形成系列的待采购加工半成品材料清单计划,如各强度等级混凝土的需求方量、需求计划时间,各型号钢筋半成品的需求数量、尺寸、需求计划时间,预埋件需求计划,其他零星材料需求计划。

④半成品的加工人员或采购人员根据计划组织生产及采购,及时备料,钢筋超市各项钢筋半成品分类码发、捆扎,保证接下来的库存需求,等待前场预制工区、绑扎工区推送的半成品提货订单。

⑤半成品仓储管理:条码(根据生成订单的预制梁组成成分生成的分类编码,如梁段编号—混凝土—下单日期)—仓储布置(按照节段梁组成成分进行区域划分,并设置相关责任人,负责半成品的入库核对、出库检查、余量清点)—入库(材料入库由各区域负责人进行清点核对并根据订单编码进行数据库同步更新)—出库(材料出库由相关区域负责人调取出库清单,按照清单需求安排配送并同时更新数据库)—库存(库存由平台自动计算,相关责任人定期清点,避免材料丢失)。

⑥前场在线下单、后场提货配送。梁段订单分发至各生产台座后,各产区负责人确认具体生产任务、梁段编号、计划完成时间,点选待生成梁号,系统根据任务明细,自动生成半成品订单,确认订单发送至仓储区,提醒库管人员根据订单内容进行提货、送货,准确送到对应的台座,与生产区负责人共同清点,确定无误,完成订单。同时,进行数据库更新,全程有时间期限及过程记录。

以生产为主线，以BIM为基础，实时展示预制梁厂生产状态、智能仓储状态，实现真正意义上的用BIM指导现场生产管理，向三维可视化智慧梁厂迈进了坚实的一步。

3）创新性技术

常泰长江大桥的建设实现了4项世界首创：①首创温度自适应塔梁纵向约束体系（TARS）；②首创“钢-混”混合结构空间钻石型桥塔（SCDT）；③首创“钢箱-核芯混凝”组合锚固结构（SCAS）；④首创减自重减冲刷台阶型沉井基础（SRCF）。常泰长江大桥的建设刷新了6大世界之“最”：世界最大跨径斜拉桥、世界最大规模多功能荷载非对称桥梁、世界最大连续长度钢桁梁、世界最大尺度CFRP拉索世界最高强度桥用平行钢丝拉索、世界最大跨度公铁两用钢桁拱桥。

建造过程全面推行智能化、网络化、数字化应用，研发投入BIM建模系统智能下料系统、梁杆件智能制造系统、板单元智能制造系统、焊接实时化信息监控系统等，研发投入节段梁工厂化加工、水下取土智能机器人等智能设备，力争打造交通强国建设江苏样板标志性工程、中国超大跨度多功能桥梁里程碑工程、桥梁建设技术国际领先的经典工程。

4）应用效果

该工程智慧工地系统平台结合物料订单式配送、数据自动化采集、生产全过程溯源、仓储可视化管理、软硬一体化融合贯穿节段梁生产过程的原材料、生产平台、起重设备、养护监控、仓储管控等；在设备上达到自动化换人、智能化减人的目标，在管理上达到资源投入与进度的数据实时可控，预警信息提前可知的总体目标。采用信息自动采集与人工输入的多种输入方式，进行生产过程信息记录，为梁段赋予施工参与人员、机械设备、采用的原材料与预埋件施工工序、施工时间等生产要素信息，完善了节段梁预制过程中溯源。结合智慧工地BIM，采用实际数据驱动存梁模型与施工现场完全匹配，进而实现图表、模型两个维度的可视化仓储管理，将有效加强存梁区数据准确性与直观性。

智慧工地建设通过智能化技术与现场生产的深度融合，实现自动化、机械化减人的目标。利用物联网技术的发展与应用，更多的生产设备进行改造升级，实现生产机械设备监测数据、生产数据、物料数据、质检数据自动化采集，保证数据的及时性和准确性，解放人工录入数据的形式，解放生产力，真正意义上的实现数字化转型升级应用到工程建设一线。

7.3 隧道工程

7.3.1 126省道南京段隧道工程

1）工程概况

126省道南京段作为南京西南部的重要干线公路，从绕城公路往南，经雨花台区南京软件谷后，跨秦淮河并下穿京沪高速铁路，接现有宁丹公路走廊至陶吴北另辟新线，经禄口新城，在溧马高速横溪南互通西侧接回现有宁丹公路，至横溪丹阳镇附近的苏皖省界，顺接安徽省丹阳至湖阳公路。项目全长近40km，南京雨花台区段长度近7km，江宁区段全长近33km。在绕城公路以内路段建设为城市快速路，绕城公路以外路段建设为一级公路，设计速度100km/h。全线包括两个隧道：一个为明挖施工的牛首山隧道，全长约900m；另一个为矿山法施工的马家店隧道，全长约700m。

2）建设内容框架

马家店隧道施工综合监测通过隧道人员定位系统（图7-12）、隧道门禁管理系统、隧道有害气体监测系统、视频监控系统等，实时动态地反馈隧道施工现场的状况。

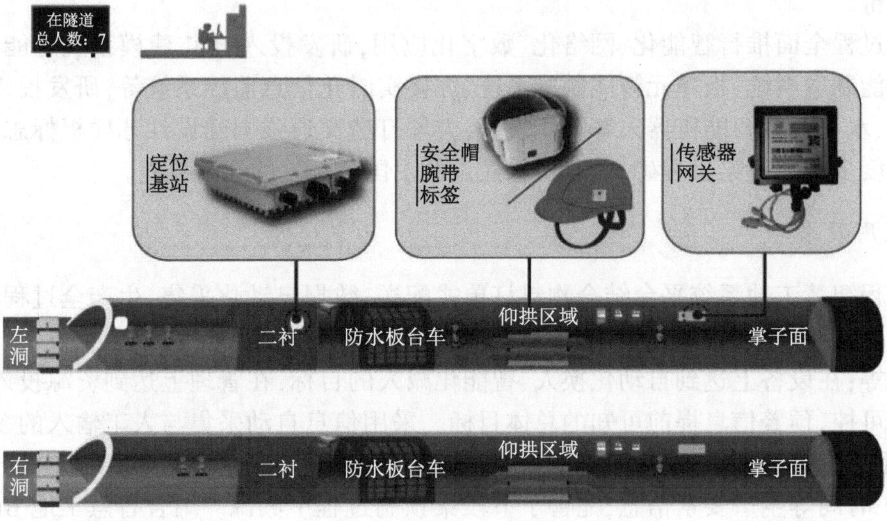

图7-12 隧道人员定位系统

（1）隧道人员定位系统

隧道人员定位系统由前端设备（传感器）、传输介质（网桥）和客户端程序三部分组成，通过在距离洞口掌子面合适位置处安装定位基站和传感器，利用无线ZigBee识别技术，自动识别人员佩戴的射频卡片，完成对隧道内人员定位，并提取相关数据，可以掌握人员出勤情况和实时获取目前所处隧道位置等信息。

（2）隧道有害气体监测系统

隧道有害气体监测系统基于互联网、大数据、物联网、云计算等技术，通过布设有害气体采集传感器，对隧道内的甲烷（CH_4）、一氧化碳（CO）、二氧化硫（SO_2）、硫化氢（HS）以及粉尘等气体浓度进行实时监测，当出现监测参数超标、异常等状况时，系统发出警示信息进行声光报警（图7-13）。

（3）隧道门禁管理系统

隧道门禁管理系统主要由三部分组成，分别是LED大屏展示（图7-14）、人行通道门禁（图7-15）和隧道出入口车辆门禁（图7-16）。

（4）隧道视频监控系统

隧道视频监控系统由前端设备（摄像机）、传输介质（网桥）和监控中心三部分组成，如

图 7-17 所示。该系统通过在每一个单洞的洞口外、掌子面处安装一套视频监控设备，采集现场图像信息，并采用无线网桥将数据传输至监控中心，便于实时查看隧道施工情况，监督现场施工安全，并对重点工序进行严格把关，监督不规范操作。

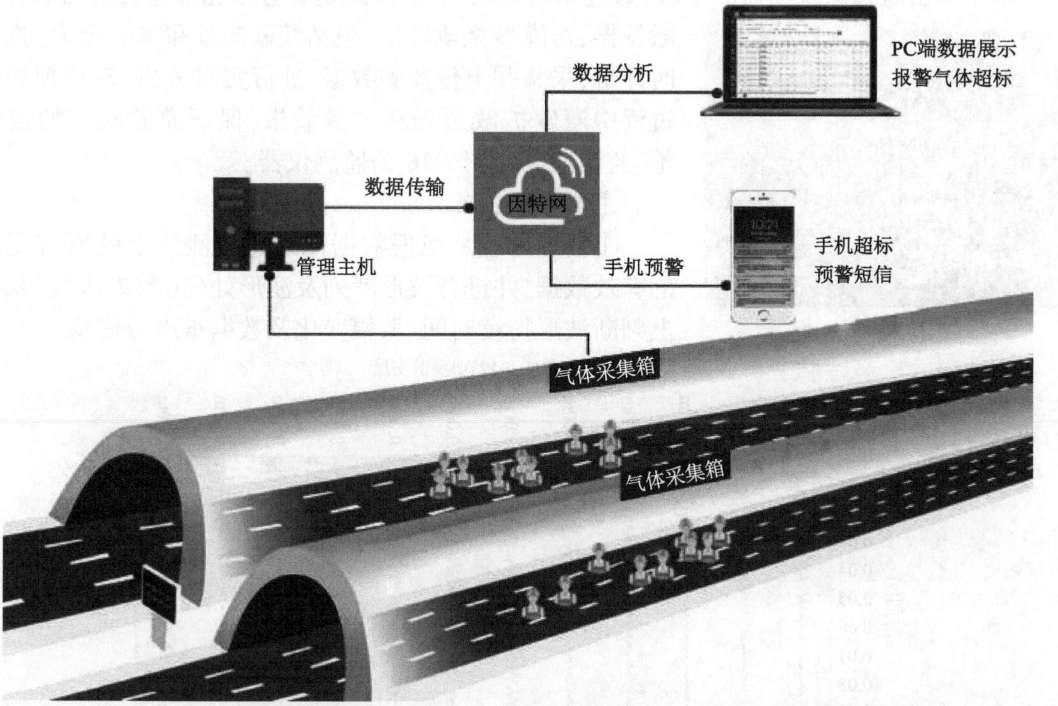

图 7-13　隧道有害气体监测系统

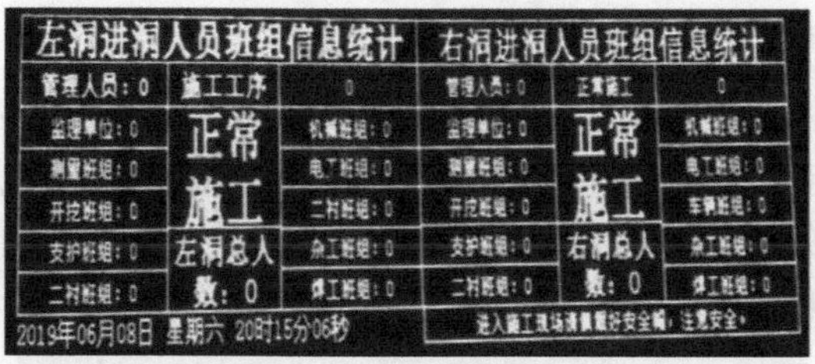

图 7-14　LED 大屏展示

图 7-15　人行通道门禁

图 7-16　隧道出入口车辆门禁

图 7-17　隧道视频监控系统

3)创新性技术

(1)隧道灌砂施工效果监测与检测子系统

采用冲击映像法现场监测手段,通过布设地震仪、动圈式垂直分量速度型传感器和弹性波激发器,对灌砂充填效果(包括灌砂流量和灌砂压力)进行实时评价,采集并上传监测数据,进行实时分析,掌控现场施工过程中灌砂扩散过程和扩散效果,保证灌砂施工的监测质量、监测速度。图7-18为监测仪器。

图7-18 监测仪器

主要功能:

①波形处理。根据数据记录连接测线上的所有测点上的有效数据,并进行波形罗列及波形处理(图7-19)。从波形上判断波形持续时间、振幅变化及数据噪声等信息。

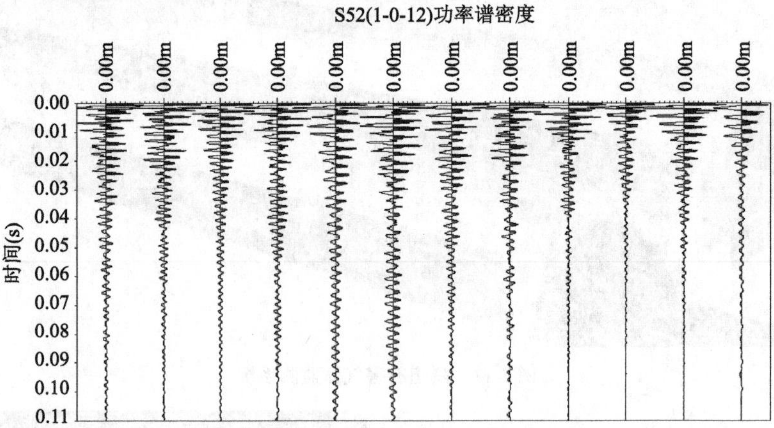

图7-19 测线波形处理结果示例

②可视化处理。结合波形的可视化处理结果、冲击响应能量剖面结果(图7-20)及频谱处理法,分别判断波形能量及持时的变化、冲击响应能量分布和低速区及高速区的范围、位置,结合灌砂前期及灌砂过程中的频率、频谱的变化,分析灌砂扩散状况、范围等。

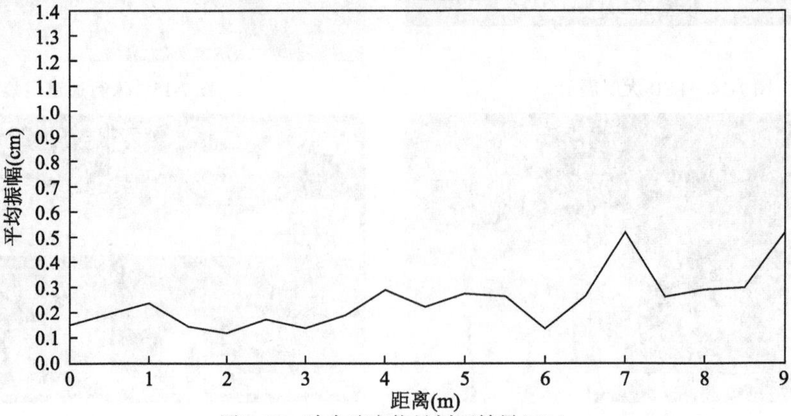

图7-20 冲击响应能量剖面结果(C1)

③根据灌砂前及灌砂过程中波形分析、冲击响应能量分布、频谱分布的变化，综合判断灌砂扩散半径、充盈程度，并结合评价标准，综合评价灌砂效果及质量。灌砂效果综合评价示意图如图 7-21 所示。

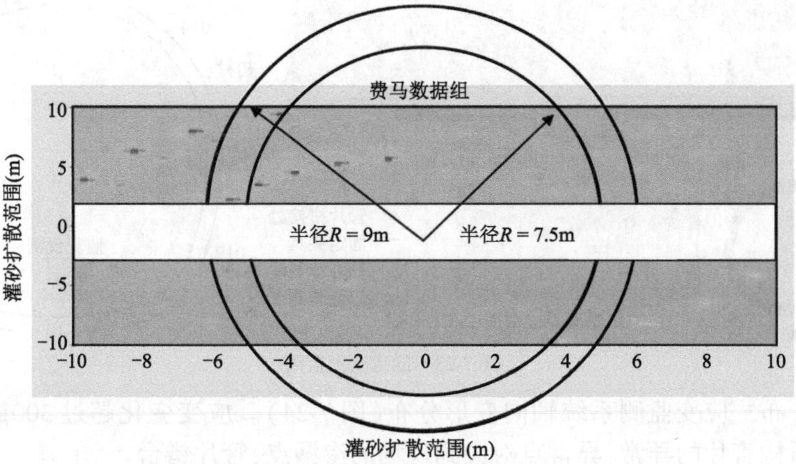

图 7-21　灌砂效果综合评价示意图

(2)隧道分布式光纤感测监测技术子系统

隧道分布式光纤感测监测技术是一种以光为载体，以光纤为媒介，感知和传输外界信号(被测量)的新型传感技术，它应用光纤几何上的一维特性，把被测参量作为光纤位置长度的函数，可以在整个光纤长度上对沿光纤几何路径分布的外部物理参量进行连续的测量，同时获取被测物理参量的空间分布状态和随时间变化的信息，它是分布式监测的主要手段。图 7-22 为隧道分布式应变监测系统。

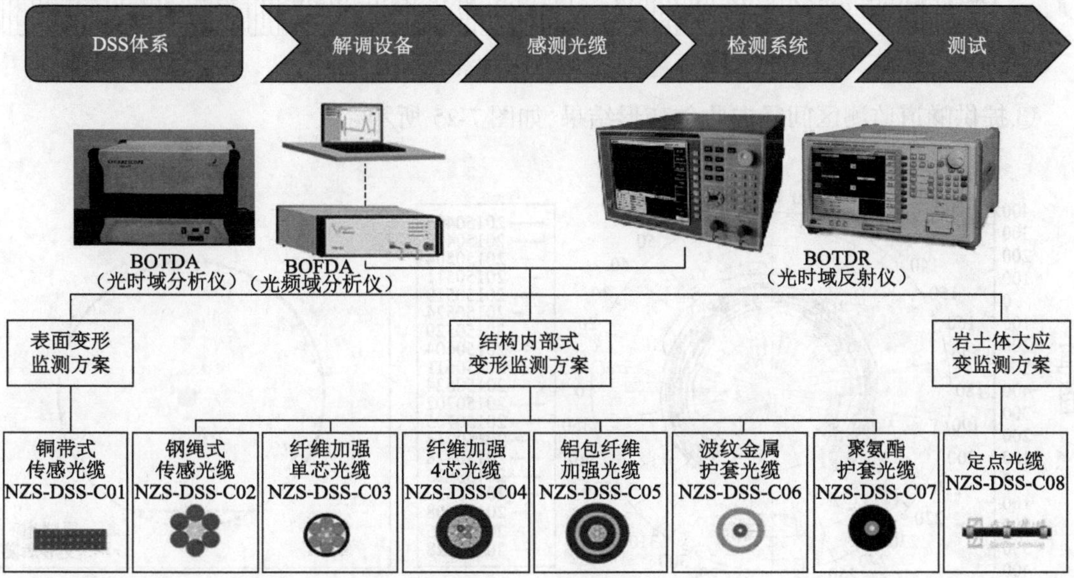

图 7-22　隧道分布式应变监测系统

主要功能：

①通过在隧道布设传感器、应变感测光缆、固定夹具、监测仪器等，实现隧道变形监测（图7-23）。

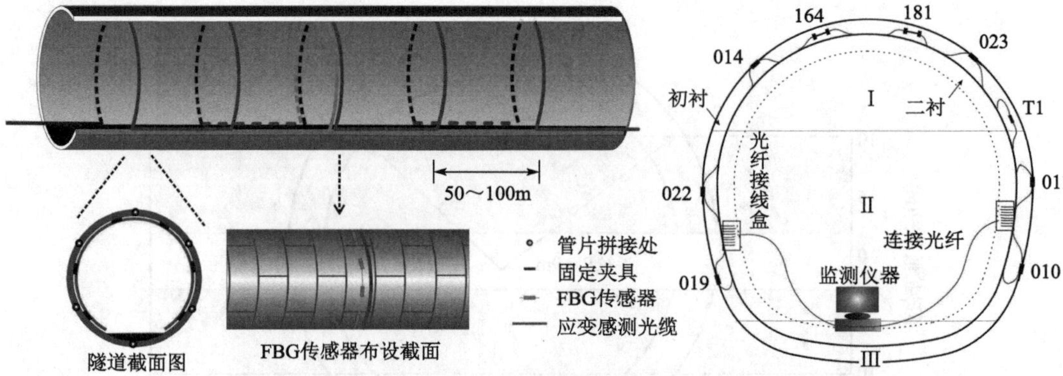

图7-23　隧道变形监测

②隧道分布式应变监测系统轴向变形分布（图7-24）。应变变化超过300με的地方都可对应到现场盾构管片的异常，异常点对应到现场的渗漏点、管片错台。

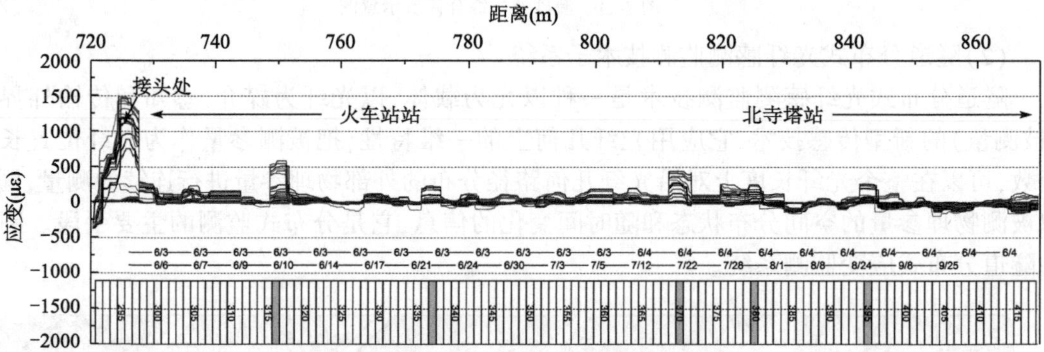

图7-24　隧道分布式应变监测系统轴向变形分布

③提供隧道监测区间径向收敛变形结果，如图7-25所示。

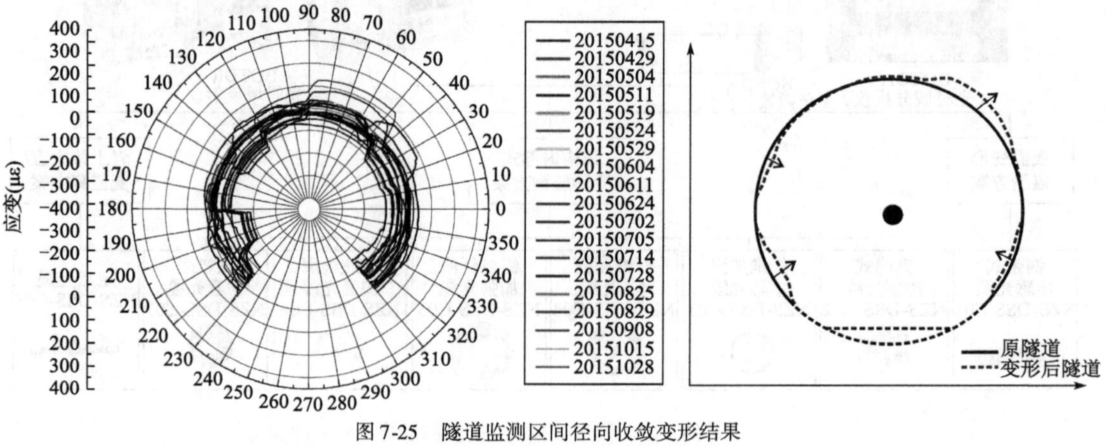

图7-25　隧道监测区间径向收敛变形结果

4)应用效果

隧道施工综合监测系统的应用,包括隧道人员定位系统、隧道门禁管理系统、隧道有害气体监测系统、视频监控系统等模块,对实时动态反馈并提升隧道施工人员的安全状况。

系统通过隧道人员定位系统、隧道门禁管理系统、隧道有害气体监测系统、视频监控系统等模块,有效消除了隧道施工现场的有害气体等安全隐患;通过采取门禁、人员定位、视频监控等安全管控措施,加强隧道施工人员的安全管理。

智能化监测设施可实现隧道有害气体的连续监控,实现自动实时显示和预警,使得隧道施工安全上施工人员有保障、施工区域有监管,有效降低安全事故发生率;通过在隧道布设传感器、应变感测光缆、固定夹具、监测仪器等,实现隧道变形监测,在保障隧道施工安全的同时,减少因隧道变形而造成的修复等经济损失。

7.3.2　江阴靖江长江隧道

1)工程概况

江阴靖江长江隧道北起靖江公新公路沿着城西大道向南,于新生圩港码头处跨江,沿西外环路,止于江阴芙蓉大道,线路全长 11.825km。采用盾构隧道形式穿越长江,隧道全长 6445m,其中盾构隧道长 4952m,采用目前国内最先进、智能化水平最高的超大直径盾构机开挖,开挖直径达 16.09m,是国内直径最大、在建承受水压最高的盾构隧道。全线采用双向六车道高速公路设计标准,设计行车速度 80km/h。该隧道的建设对落实长江经济带战略、缓解江阴长江大桥交通压力、增强长江干线过江通道通行能力、促进长三角高质量一体化发展、加快扬子江城市群建设以及跨江融合发展等,均具有重要意义。

2)建设内容框架

江阴靖江长江隧道工程信息化建设的成果,采用定制开发 + 系统集成模式,三端一云的架构形成了项目级的建设管理聚合平台。平台功能基本涵盖了现场指挥部全部管理业务流程。用户对象为现场指挥部管理人员、现场施工人员、预制厂人员、监理等所有参建单位。其主要功能模块包括:

(1)数字管理模块

项目的数字管理模块包括 OA 管理、计量支付管理、数字档案、人员管理、民工工资管理、设备管理等,能够为现场管理带来了便捷性。

(2)数字规划设计模块

项目建设期充分利用了设计阶段 BIM 技术成果,结合统一工作分解结构(WBS)实现了项目管理计划进度、质量管理、计量支付、档案管理数据构件级关联目标。

(3)数字检测模块

项目级的建设管理聚合平台对接质量中心管理系统,将检测报告挂接于构件之上,协同平台内工序报验、原材料管理功能共同实现项目材料溯源、质量溯源目标。

(4)数字监测模块

①视频监测。通过 BIM 技术对现场监控摄像头进行定位,以可视化手段展现监控视频准

确位置，视频流接入平台，可实时调取现场监控画面便于管理。

②监控量测。通过 BIM 技术对现场监控量测点定位，以可视化手段展现测点准确位置，同时测控中心监测数据接入平台，可实时调取现场监测数据并对监测异常点进行预警。

(5)数字安全模块

数字安全模块是涵盖人机管理、风险管控、应急管理、危大工程管理、隐患排查、安全活动、监测监控、疫情管理等一体化的功能模块，实现安全管理动态化、可视化、体系化，压实各级、各部门、各类人员的安全生产责任，为建设、监理、施工等参建单位管理人员决策分析提供数据支撑。

(6)数字双碳模块

本项目建设管理聚合平台对接绿色中心监测系统，对施工场区环境敏感点数据进行实时监测，并对异常点进行预警，基于基础数据分析生成绿色指数。

(7)智能建造及施工模块

结合本项目盾构隧道特点，建设管理聚合平台分别对接两家管片生产厂管理系统，并根据本项目同环同模要求对管片厂生产系统提出了管理需求，实现了管片生产(质量信息)→管片厂堆放→管片运输→到场堆放→防水安装→管片拼装→成环管理的全过程监管。

(8)数字交付模块。

结合电子档案试点工程要求，指挥部邀请扬子江公司对移交档案的需求进行了研讨，对构件级的模型、档案以及机电工程的信息传递进行了策划。

3)创新性技术

江阴靖江长江隧道的建设实现了5个首创：①首创双道密封垫防水新设计，形成了内外兼修的超高水压盾构隧道综合防水新体系；②针对管片预制质量、拼装精度的测控，基于精密测量的管片制造新标准建立过江盾构隧道；③采用快速直达式疏散救援通道设计新理念，实现长距离隧道快速疏散救援；④首次研究和应用盾构隧道设计施工运营全过程多维度结构安全保障新技术；⑤基于流动环境友好空间理念，构建绿色隧道管理体系、技术体系、评价体系、标准体系。

在建设过程中，以 BIM 正向设计建模为基础聚焦大直径盾构隧道特点，创新实现对包含约5万片盾构管片在内的预制构件进行高效的生产(含原料溯源)、运输、安装全过程精确信息化综合管控实现建设和运营期各工程业务数据共建、共享以及管理协同。基于 BIM 技术、大数据技术、人机交互技术沉浸式体验技术等手段统一构建智慧管理指挥中心，集监控调度、应急指挥、工程会议、迎检汇报、参观学习、安全教育培训、形象展示、党建廉政宣传于一体的集中管控枢纽，构建智慧工地建设管理体系，创新工程建设管理模式，力争打造交通强国建设江苏样板标志性工程、中国高水压大直径盾构隧道建设创新工程、国际领先智慧建管养技术综合应用品质工程、国际首创流动环境友好空间的绿色隧道示范工程。

4)应用效果

(1)综合运用 BIM 技术、大数据、物联网等信息化技术手段，集成项目全要素、工程全过程信息，建设江阴靖江长江隧道工程智慧建设 BIM 协同管理平台。现场重点管控的混凝土、钢结构和钢筋三大类大宗材料，通过 BIM 技术，实现原材料从进场报验、过程加工试验检测、报告审批到使用完毕的全生命周期信息管控及信息追溯。

(2)针对本项目大直径盾构施工特点，对全线约5万片管片的全流程信息化管控是本项目信息化工作的重中之重。基于管片施工主要有预制与拼装两个主要流程。管片生产信息化管理由施工单位的管片生产管理系统实施。管片拼装信息化管理利用 BIM 建设管理平台，两者统一数据接口标准，有机集成，实现数据互联互通，以二维码为载体，实现管片的生产、运输、安装全过程质量追溯与监管。

(3)基于 BIM + 业务数据融合，建立 BIM 协同模块，综合运用 BIM、大数据、物联网、云计算等技术将工程项目重要数据集成在该模块，实现工程管理 BIM 协同及信息的高度融合，实现工程项目的万物互联、数据共享。

(4)电子档案试点工程，借助基于 BIM 的基础数字底座、合理的数据平台系统架构、全面的业务范围覆盖、先进的元数据管理模式，通过区块链技术的引入，实现对元数据的“四性”(真实性、完整性、可用性、安全性)保障，研究电子文件归档和电子档案管理中数据采集、数据存储、元数据管理、电子签名、封装和备份等关键技术，提出保证电子文件满足“四性”要求的解决方案。

第8章 水运工程智慧工地示范

8.1 航道工程

8.1.1 工程概况

宿连航道工程全长124.1km，其中宿迁段102.1km，连云港段22km，全线按三级标准建设。项目概算总投资64.35亿元，批复工期为4年。宿连航道主要建设内容分为航道工程、船闸工程、桥梁工程和水利工程四大块。航道里程共计49.5km（不含船闸工程）。新建停泊锚地一处，岸线长度为400m。航道全线按照三级标准共新建船闸3座，即陆运河船闸、军屯河船闸和沭新河南船闸。航道沿线新建、改建桥梁17座，其中宿豫区11座，分别为翔盛大道桥（跨陆运河船闸）、325省道桥、宿泗路桥、便民河桥、324省道便民河桥、宿沭路大桥、梨园桥、城北河桥、来侍路桥、电灌站桥、路北地涵桥；沭阳县6座，分别为郭湖桥、潼悦线桥、枣林桥（跨军屯河枢纽）、岗庄桥、管桥、新开河桥。航道沿线共需新建、改建的重要水利设施10处，其中宿豫区5处，分别为利民河地涵、马河地涵、六塘河地涵、二干渠地涵、三分干涵闸；沭阳县5处，分别为路北河节制闸、路北河分洪闸站、柴沂挡洪闸、耿圩地涵、新沂河沭阳尾水北地涵。

8.1.2 建设内容框架

本项目智慧工地平台建设充分利用BIM、"互联网+"、物联网、移动平台等信息化科技手段，推进"智慧工地"建设，实现"智慧建造"，创建"平安工地"，为建设"品质工程"提供有力支撑。本项目依托智慧工地管理云平台和BIM建设，创新工程管理模式，实现工程建设与工程管理的标准化、可视化、数字化、智能化，实现物联网数据的实时收集、分析、预警，加强对施工现场的实时管控，促进将连宿高速打造成具有代表意义的"品质连宿、平安连宿、绿色连宿、智慧连宿、科创连宿、廉洁连宿"工程项目。

本系统平台遵循统一规划、顶层设计、分步实施原则，根据业务要素分类，主要分为工程设计数据、工程施工数据、工程生产数据、工程设备数据、试验检测数据、用户行为数据等。这些数据分类存储为工程参建单位提供数据化服务，通过系统权限为系统用户提供分层分权限数据内容。

8.1.3　平台搭建创新技术

智慧工地平台系统设计和部署遵循高内聚低耦合原则，智慧工地平台系统架构整体大致可分为数据源层、统一数据层、中台服务层、应用支撑层。智慧工地平台系统设计图示例如图8-1所示。

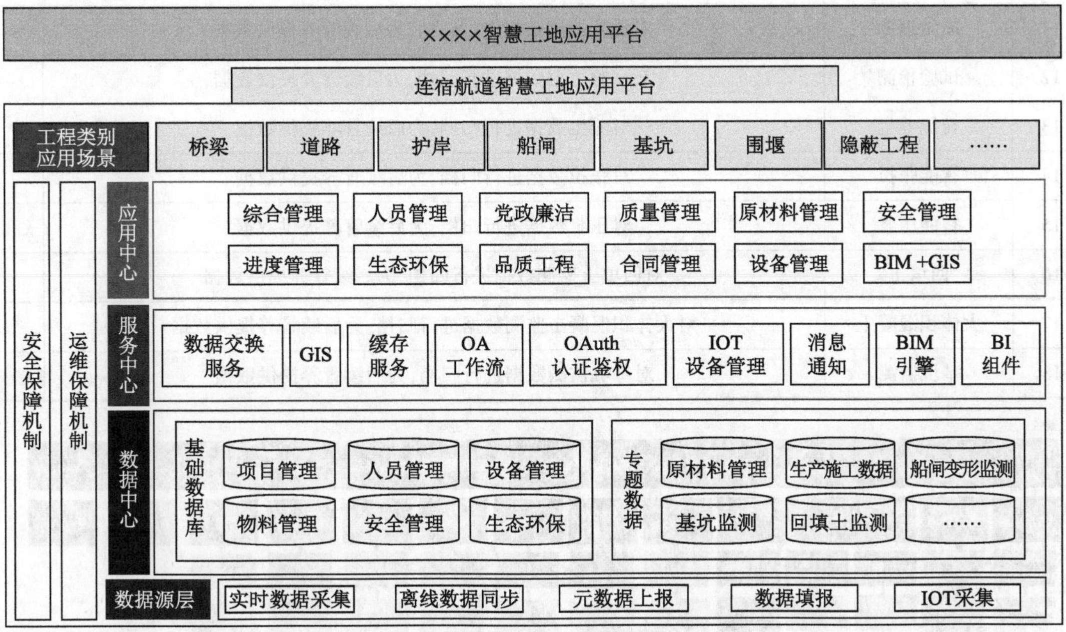

图8-1　智慧工地平台系统设计图

智慧工地平台系统遵循统一规划、顶层设计、分步实施原则，根据业务要素分类，主要分为工程设计数据、工程施工数据、工程生产数据、工程设备数据、试验检测数据、用户行为数据等(图8-2)。这些数据分类存储为工程参建单位提供数据化服务，通过系统权限为系统用户提供分层分权限数据内容。宿连航道(京杭运河至盐河段)整治工程"智慧工地"永临结合功能见表8-1。

宿连航道(京杭运河至盐河段)整治工程"智慧工地"永临结合功能　　表8-1

序号	功能	描述	备注
1	档案管理	对工程档案进行归档，为后续管养提供资料	
2	视频	考虑船闸及沿线设备永久使用，保留建设期视频影像资料	
3	桥梁变形监测	后续对桥梁长期监测	
4	船闸变形	后续对船闸长期监测	
5	护岸	后续对护岸边坡长期监测	
6	异形涵洞	后续对异形涵洞长期监测	

续上表

序号	功能	描述	备注
7	拌和楼管理	对施工生产数据进行整合,为后续管养提供数据	
8	环境监测	对环境长期监测	
9	品质工程	对数据进行归档,为后续管养提供资料	
10	工序管理	对施工过程报验数据进行归档,为后续管养提供数据	
11	质量追溯	对质量追溯数据进行归档,为后续管养提供数据	
12	试验检测	对试验检测数据进行归档,为后续管养提供数据	
13	智能养生	对养生数据进行归档,为后续管养提供数据	
14	智能张拉	对张拉数据进行归档,为后续管养提供数据	
15	智能压浆	对压浆数据进行归档,为后续管养提供数据	
16	回填土	对回填土监测数据进行归档,为后续管养提供数据	
17	大体积混凝土	对大体积混凝土监测数据进行归档,为后续管养提供数据	
18	基坑监测	对基坑监测数据进行归档,为后续管养提供数据	

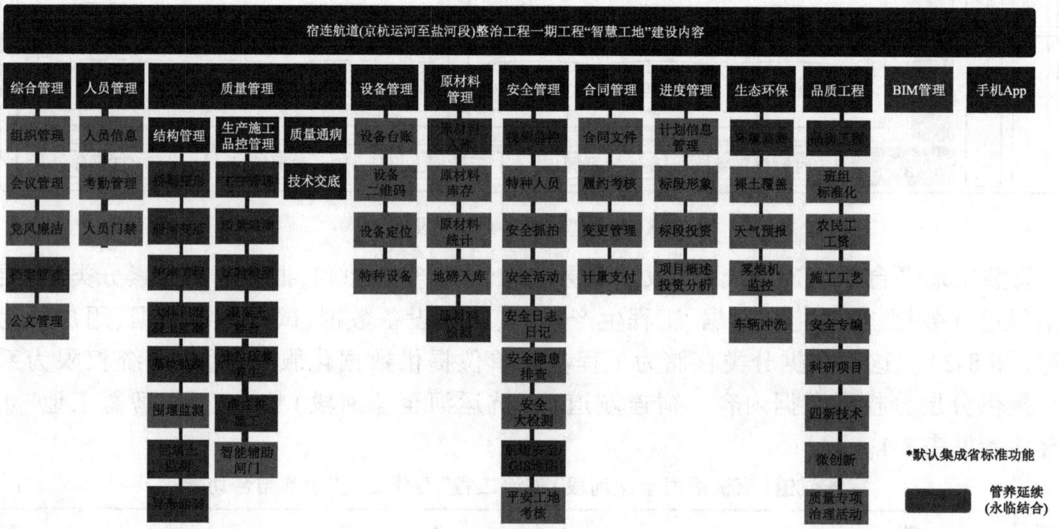

图 8-2　功能架构图

8.1.4　应用效果

通过智慧工地建设,施工现场进入"智慧工地"时代,打破常规的零散、被动的管理模式,最终实现:

(1)施工质量:可知、可控。聚焦施工现场一线生产活动,实现信息化技术与生产过程深度融合,达到施工质量可知、可控。

(2)施工过程:可视、安全。施工过程监管可视化、智能化,保证施工质量、进度和施工安全。

(3)工程管理:便捷、高效。通过采用统一、标准的智慧工地,对接多方应用系统,实现参建单位工程管理互联协同,提高管理效率。

(4)平台统一管理:领先、集中。平台将引用领先技术,集成多方应用系统,对接省内五大数据中心,集中对项目数据上传、维护、存储。

(5)大数据深度挖掘分析:实时、共享。通过大数据传输和共享,提高工程施工决策能力和预警能力。

8.2 船闸工程

8.2.1 工程概况

德胜河是江苏省常州市规划的唯一一条通江二级航道,是长三角高等级航道网的重要组成部分。魏村枢纽扩容改建工程位于德胜河进入长江的咽喉部位,距长江夹江约2000m。项目建成后,打通了入江口门瓶颈,对优化长三角高等级航道网、打造交通中轴枢纽、推动现代物流中心建设以及增强城市引水和排涝能力具有重要意义。魏村枢纽扩容改建主体工程于2020年11月开工,建设内容主要包括新建双线三级船闸1座,改建设计流量160m^3/s的泵站1座、节制闸1座,改建桥梁2座。

在本项目智慧工地建设中,通过BIM工程数字化管理平台构建了全方位、全覆盖的航道、船闸的智慧工地应用平台,保证兼容性;统筹调配管理施工现场人、机、料、法、环等要素,形成对质量、进度、费用、安全、生态环保、人员、设备、物料等方面智能化管理,为品质工程、平安工地创建提供有力支撑,实现工地的数字化、精细化、智慧化,提升工程项目建设的技术和管理水平。

8.2.2 建设方案

本项目平台在搭建过程中从顶层设计、技术攻关入手,具体建设内容如下:

(1)综合管理。其内容包括组织管理、计量支付、合同管理、进度管理、变更管理、办公管理等功能,规范建设过程中的业务操作为项目管理提供快速、便捷的信息查询途径。

(2)人员管理。人员管理是指利用脸部识别进行考勤管理,针对作业区域采用智能终端设备对人员进行定位监管,实现考勤管理和劳务管理相结合,保证劳务工人权益。

(3)设备管理。对施工现场的机械进行统一管理,建设内容包括设备电子台账、设备定位、特种机械安全、车辆门禁等。

(4)物料管理。做到将材料出入库与称重系统关联,对物料的名称、规格型号、数量、供应商、领料及发料人、进出库数量和时间等进行登记。

(5)质量管理。实现船闸工程的生产施工管控(包括水泥混凝土拌合站管控、大体积混凝土测温、智能养生)、试验室管控(包括水泥胶砂抗压抗折一体机试验、万能机试验、压力机试验)、工序管控,做到把施工质量从事后把关转向事前控制、事中全过程监管的质量控制模式,提高工程质量。

(6)安全管理。通过视频监控、智能抓拍、巡查App、人员定位、基坑自动监测等技术，开展人机安全管理、风险管控、现场应急管理、安全专项方案管理、隐患排查等工作，建立面向所有监督及参建单位的工程安全信息管理体系。

(7)环境管理。做到将智能环境监测设备组网建设，对三场、拌和站、项目部的环境进行实时监测，并通过雾炮机等对扬尘污染进行防治。监测内容包括 $PM_{2.5}$、PM_{10}、环境温度、空气湿度、风速风向、噪声及有毒有害气体等。

“BIM + GIS”平台将设计信息、施工信息、检测信息进行可视化展示，并最终形成工程资料电子数据库，为项目建设提供数据支撑。同时结合 BIM，实现工地标准化建设与虚拟展现、工程进度可视化管理、三维可视化交底、安全问题协同管理等功能。

8.2.3　平台搭建创新技术

魏村枢纽扩容改建工程秉承“科技引领、智慧管理、智能生产、数字化转型”的工程建设理念，致力打造智慧船闸工程。

(1)搭建“BIM + GIS”平台，提高建设管理水平。搭建“BIM + GIS”平台，形成综合管理、质量管理、安全管理等6大功能模块，利用“物联网 +”技术，实现对施工现场的全面感知和管理。平台不仅开展实体工程施工工序线上报验审批，严格工序报验程序和规范，使工序报验更简便快捷；同时对枢纽主体深度达14m的深大基坑地下水位变化、边坡稳定性进行全天智能监测，为主体工程施工穿上立体“金钟罩”。

(2)开展 BIM 技术正向设计，实现数字船闸全生命周期管理。项目开展 BIM 技术正向设计，将设计的 BIM 按照质量单位划分标准进行拆分，与施工阶段的工序报验和过程数据关联，形成数据链丰富的数字船闸模型，实现了 BIM 技术全生命周期的有效应用，为智慧船闸运营创造条件。

(3)布设桥梁限高警示系统，封航后保障绕行船舶不撞桥。根据项目总体风险评估，为保证施工和通航安全，项目采用断航绕行施工方案。因德胜河扩建前仅为六级航道，为确保德胜河通航船舶和桥梁的安全，在沿线19座桥梁上安装了限高警示系统，提高通航安全性。

8.2.4　应用效果

本项目构建的航道、船闸、桥梁工程智慧工地建设平台，围绕施工现场的人、机、料、法、环五要素进行统一调配和管理，实现精细化的管理模式和在建工程人员管理、安全管理、试验检测、工艺监控、施工监测、检验评定等环节管理控制的信息化、快速化、一体化，解决工程建设中数据真实性难考证、信息分散、问题难追溯、隐蔽工程监管难等管理短板。

本项目充分运用科技兴安手段，对重要工点和大型特种设备通过视频监控接入管理系统，实时掌握现场动态，排查识别安全风险及人员违规行为。为防止基坑坍塌、边坡位移等情况发生，主基坑周边设置防渗帷幕体系，结合智慧工地，采用“物联网 +”技术对主体基坑进行智能监测。在塔式超重机上安装松紧智能预警螺母，主要安全管理人员统一配备智能安全帽，智能安全帽有录像、人员定位、存储及夜间照明的功能，在主要施工区域配备安全帽预警监测提示设备和智能防触电语音报警器;在施工现场各二级配电箱、三级电箱中安装智能防触电语音报警器,防止非专业电工进行临时用电操作,减少因私拉乱接线缆而发生触电。

8.3 港口工程

8.3.1 工程概况

江苏滨海液化天然气(LNG)项目码头工程位于盐城港滨海港区,工程新建1个15万t级的LNG泊位,最大可靠泊26.6万m^3 LNG船舶(载重吃水12.0m),设计年通过能力600万t;新建工作船泊位1个,兼靠3000t级件杂货船;其余为项目配套工程,主要有防波挡沙堤、航道、锚地、导助航设施等,工程总投资约15亿元。

8.3.2 建设内容框架

该项目在施工阶段应用了部分智慧工地管理技术,主要体现在以下几个方面。

1)人员管理系统

运用人脸识别系统对工地人员进行严格出入管理和考勤管理,防止与工程无关人员进入场地,确保工地安全。同时,运用二维码技术,建立个人物品实名制,便于现场管理人员和施工人员对工地设备及物资安全操作规程、技术交底、操作指导书等手机端查询和学习。

2)BIM可视化

盐城滨海LNG接收站项目对LNG码头、工作船、火炬平台三个单位工程的建立BIM(图8-3、图8-4),并利用模型检查斜桩碰桩情况,对有碰桩情况的桩位提交设计进行角度修改。

图8-3 LNG码头BIM

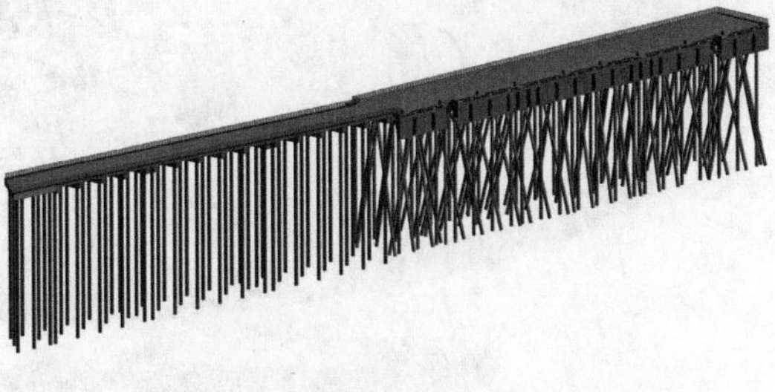

图8-4 工作船(兼重大件)码头模型

3)海工工程远距离GPS沉桩定位系统

在打桩船上安装定位装置,施工企业开发的“沉桩定位系统”可依靠设在桩顶附近的传感器精确测量出桩顶标高，并将数据传输至计算机屏幕上，并可以自动记录桩基锤击数，进行贯入度计算，沉桩结束后，系统可自动打印“沉桩记录表”。沉桩定位系统操作界面及操作界面桩位图如图 8-5、图 8-6 所示。

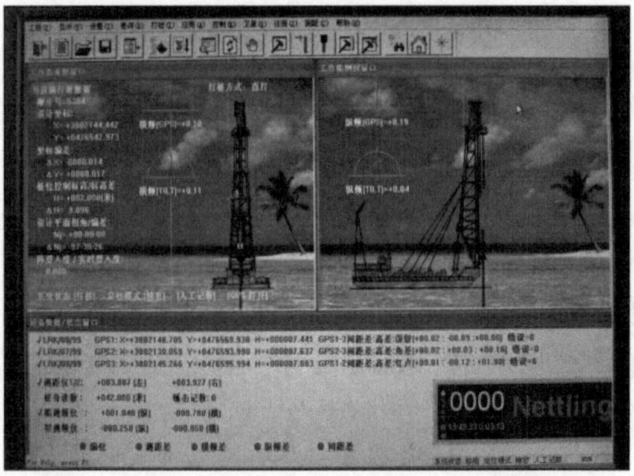

图 8-5　沉桩定位系统操作界面

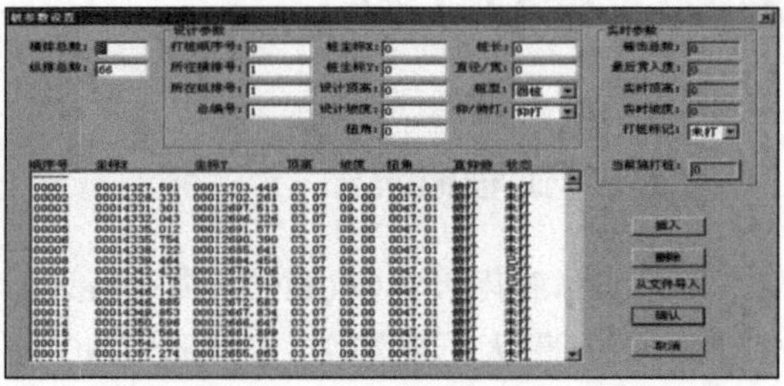

图 8-6　操作界面桩位图

4) 电子围栏系统

基于 AIS、雷达、VHF、电子围栏设备、人员定位设备等安全监管基础设施(图 8-7、图 8-8)，面向企业安全生产和海事安全监管的需求，搭建沿码头智慧监管平台，为滨海液化天然气(LNG)码头施工区域安全监管提出合理、科学、智能的监管方案。

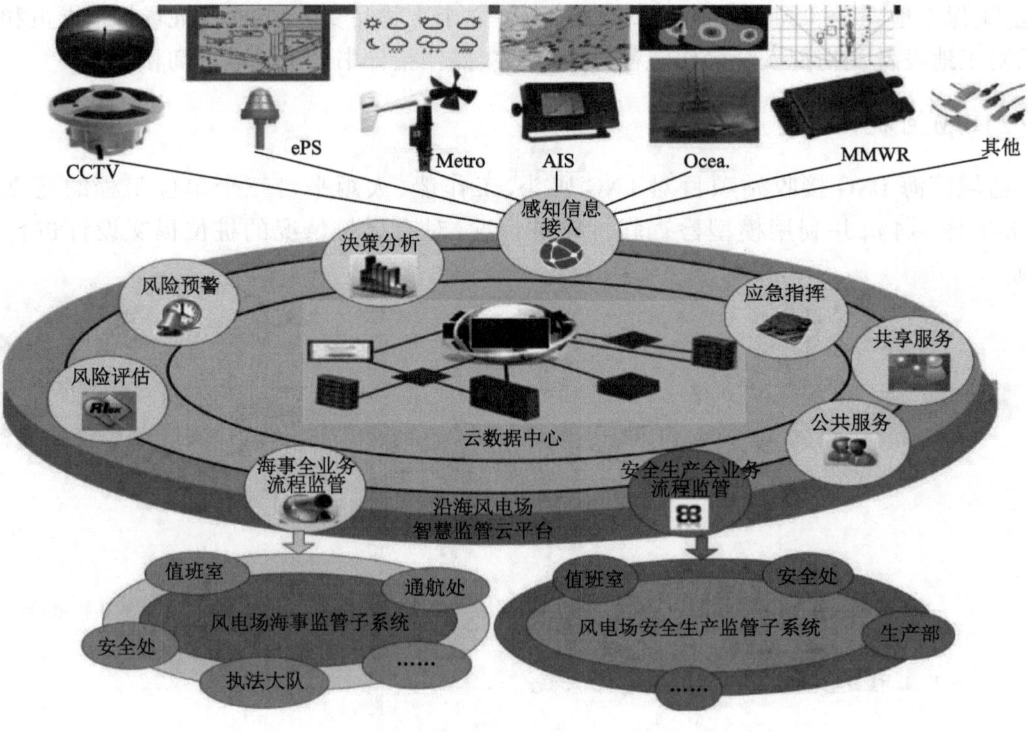

图 8-7　电子围栏系统概念图

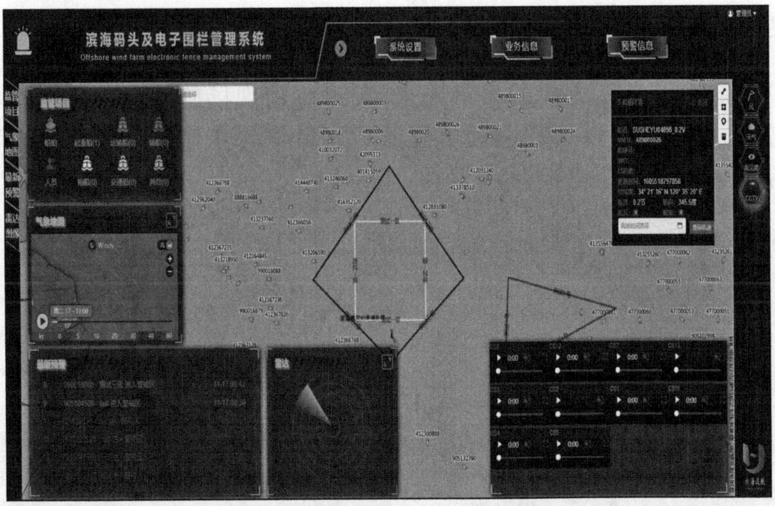

图 8-8　电子围栏系统界面

码头施工期间，施工船舶种类繁多，施工水域交通复杂，系统上可以实时反映水域占用情况，便于现场人员制定交通组织方案，确保水上施工安全。

为加强打桩船施工期间的船舶安全，避免船舶与来往其他船舶碰撞，提高防范预警，项目采用 AIS 系统(图 8-9)，该系统可以实现本船舶与周边船舶间无障碍直接对话，并自定识别对方船名，共享船位、航速等信息，便于船舶调度统一指挥现场施工船舶，可以有效减少船舶碰撞事故。

5）预制构件数字化

在预制构件生产、质检、出厂每个环节使用手持扫描设备对预制构件二维码(图 8-10)进行扫描，进行信息采集。在预制构件生产时，对生产信息采集，并对预制构件编号、型号、类型等进行复核。预制构件成型后，对构件进行质检，对构件尺寸、外观进行检查，并对图纸信息进行对比，在质检过程中，如发现不良项目，需要填写对应的实际值数据，并返工整改。构件出厂时，扫描标签确认出厂，信息管理平台实时更新构件状态，便于施工时查询预制构件发货情况。

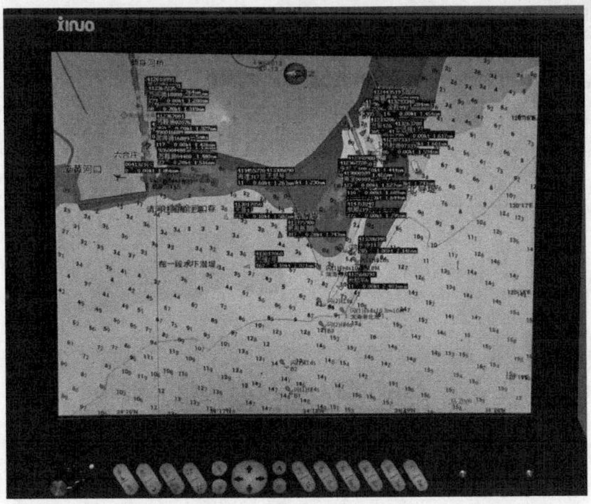

图 8-9　AIS 系统界面

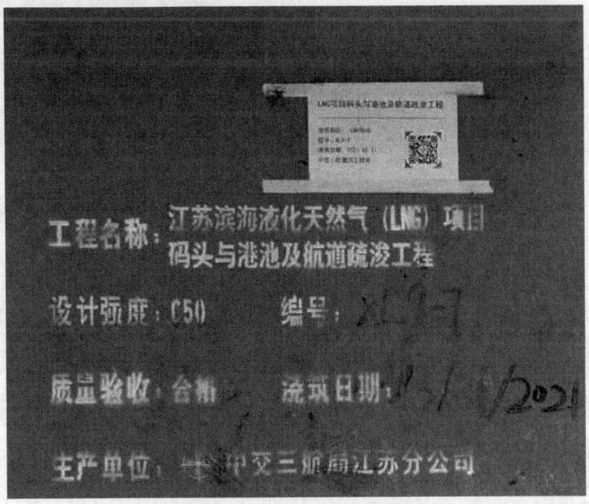

图 8-10　预制构件二维码

6)远程视频监控

现场安装摄像头,结合无人机的日常巡查,实时传输现场施工情况,多点位无死角拍摄现场,实现24h监控,并由建设单位和监理单位派专人负责轮流监视,及时发现问题并通过喇叭督促整改,确保现场作业安全可控(图8-11~图8-13)。

图8-11　船舶施工现场视频监控

图8-12　码头施工现场视频监控

图8-13　码头无人机远程监控

7)施工数据采集及三维可视化

本项目开发了江苏LNG码头工程施工数据采集系统(图8-14),采集码头工程项目建设过程中的各项数据信息(图8-15),依托BIM成果,开发应用平台,形成江苏LNG码头工程三维可视化建设成果,并将该数字化成果延续至运营团队,辅助后期生产运营管理。

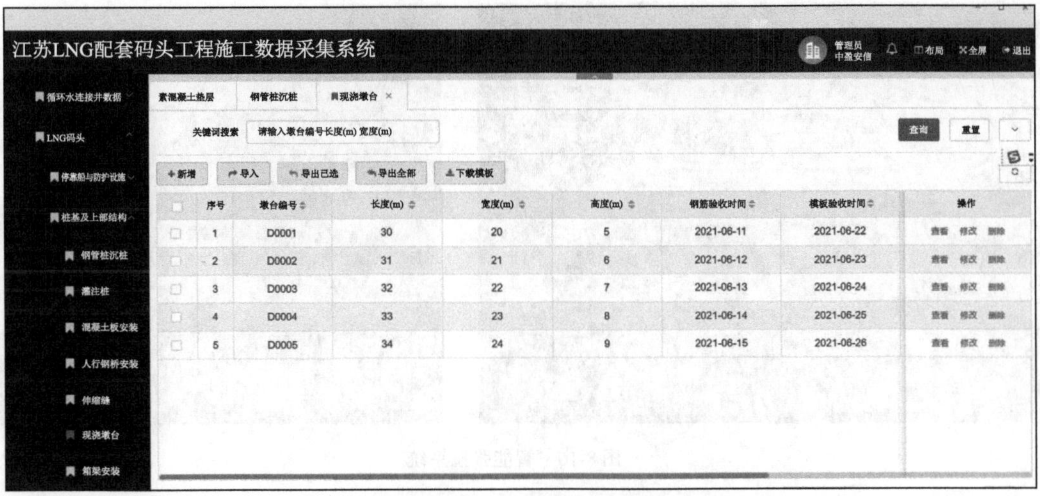

图 8-14　项目施工数据采集系统

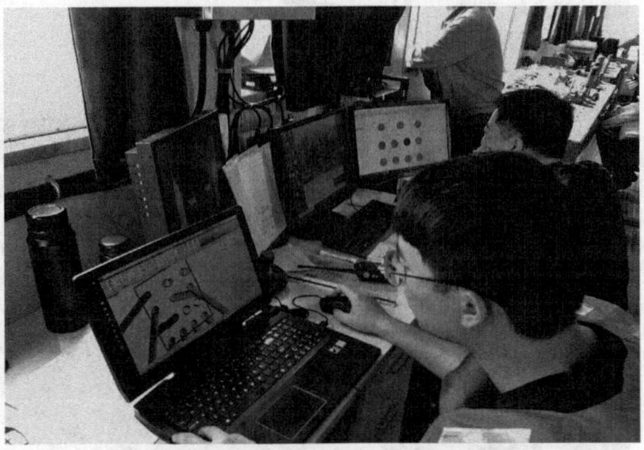

图 8-15　打桩船现场检查碰桩情况

8.3.3　创新性技术

本工程通过采用智能张拉技术，对引桥的工程大跨度预应力空心板实施张拉；利用钢筋上的应力传感器，严格控制钢筋拉伸应变；同时，通过仪器自动操作完成预应力钢筋和钢绞线的张拉并将数据传输至控制电脑，能完全排除人为因素干扰，是目前预应力张拉领域最先进的施工工艺。同时，通过将系统主机、测控系统、循环压浆系统组成智能压浆系统，将压力浆液在回路带内持续循环以排净管道内空气，能及时发现和处理管道堵塞等情况，消除导致压浆不密实的因素（图 8-16、图 8-17）。智能压浆机在施加应力的情况下，系统能控制施加的预应力值，使传统张拉的 ±10% 误差范围减小到 ±1%；智能压浆机实时采集钢绞线的延伸率，自动计算延伸率，及时检查延伸率是否在 ±6% 以内，同时实现对预应力和延伸率的“双控”；计算机控制两个或两个以上千斤顶，同时对称张拉，对称同步张力，实现“多千斤顶同时张拉”；同样，智能压浆系统可完全不受人为因素和环境因素的影响，张力过程的要素有停顿点、加载速率、保持时间、卸载速率等。

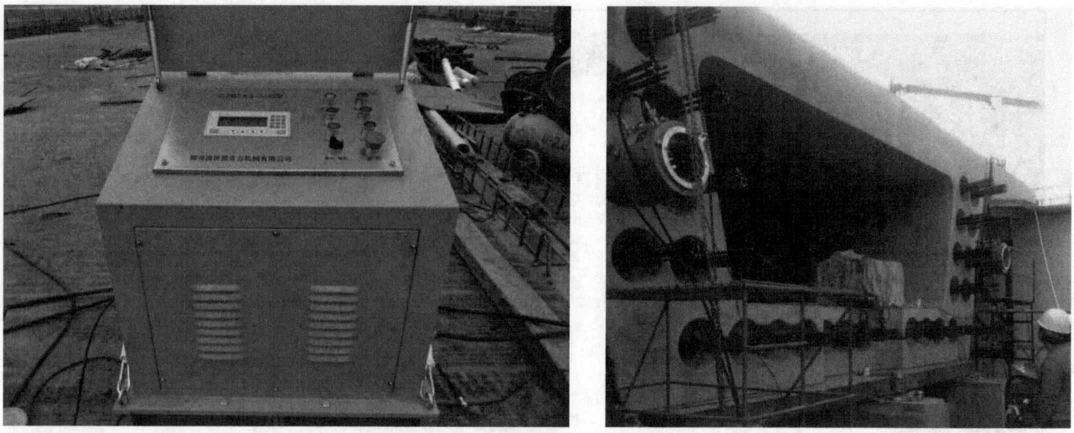

图 8-16　智能张拉系统

图 8-17　智能压浆系统

8.3.4　应用效果

江苏 LNG 码头工程在施工阶段运用了多项智慧工地技术,开发了施工数据采集系统,用于采集码头工程项目建设过程中的各项数据信息;依托 BIM 成果,开发应用平台,形成江苏 LNG 码头工程三维可视化建设成果,实现项目建设成果的数字化交付,辅助生产运营管理等,对比以往传统的港口工程,本工程运用的智慧工地诸多技术主要有以下几方面的优势:

(1)安全管理:通过安装安全监测设备,如视频监控、烟雾探测器等,监测工地内的安全状况,避免事故发生。

(2)质量管理:通过传感器、数据采集等技术手段,对工地内的各项施工参数进行实时监测,确保施工质量符合规范要求。

(3)人员物资管理:通过工地管理系统平台,对工地内的人员、物资进行实时跟踪和管理,时刻了解人员去向和避免物资损失与浪费。

(4)环境监测:港口工程常常面临着海洋环境和天气等多变因素的影响,通过环境传感器等技术手段,及时收集和分析周边环境信息,为施工提供合理的环境保障。

(5)施工进度管理:通过工地管理系统平台,实时跟踪施工进度和资源使用情况,确保工程的按时完成。

参考文献

[1] 王要武,陶斌辉.智慧工地理论与应用[M].北京:中国建筑工业出版社,2019.

[2]《数字建造与生态发展》编委会.数字建造与生态发展[M].北京:中国建筑工业出版社,2023.

[3] 卢延刚,李涛.基于“智慧工地”的高速公路建设信息化管理[J].中国公路,2020(17):58-59.

[4] 王旭阳.“智慧工地”助力道路施工安全管理[J].工程技术研究,2019,4(12):135-136.

[5] 汤诗平,郭天科,陈刚.浅析“智慧工地”在普通公路建设过程中的信息化应用[J].通信与信息技术,2020(2):43-47.

[6] 刘跃,方旭丹.基于BIM的智慧工地建筑管理研究[J].建筑与装饰,2020(10):57.

[7] 刘振邦,李亮,张忆晨.基于数字化技术的智慧工地建设研究[J].铁路技术创新,2019(4):86-91.

[8] 卢滢.大数据技术在智慧工程中的应用[J].电子技术与软件工程,2022(2):208-211.

[9] 张艳超.智慧工地建设需求和信息化集成应用探讨[J].智慧建筑与智慧城市,2018(5):86-88.

[10] 杨志和,王要武.基于建筑产业现代化技术演化的智慧施工推进策略研究[J].中国软科学2018(8):18-30.

[11] 宋姗,寇清.BIM技术驱动的智慧工地数据流程与创新应用[J].建筑技术,2023,54(6):649-651.

[12] 韩转弟.智慧工地在建筑工程安全管理中的优势研究[J].智慧中国,2023(Z1):92-93.

[13] 李久林,王忠铖,田军,等.智能建造背景下的智慧工地发展与实践研究[J].建筑技术,2023,54(6):645-648.